# LA CHAUMIÈRE

## DRAME EN TROIS ACTES,

PAR

## M. MOISE CONSTANT,

*Créole de l'Ile Maurice,*

1849.

ILE MAURICE:
IMPRIMERIE DE LA SENTINELLE.

Sommaire ave

# LA CHAUMIÈRE,

## DRAME EN TROIS ACTES,

PAR

## M. MOISE CONSTANT,

*Créole de l'Ile Maurice.*

1849.

ILE MAURICE;

IMPRIMERIE DE LA SENTINELLE.

# LA CHAUMIÈRE,

## DRAME EN TROIS ACTES,

PAR

## M. MOISE CONSTANT,

Créole de l'Ile Maurice.

### PERSONNAGES :

DE SAINT-AMAN.
ETHELBERT.
OSCAR, Capitaine de Marine.
DUNIENVILLE.
ROGER DE SAIN.-HILAIRE,

BLANCHE fi<sup>e</sup> de St AMAN.
UN DOMESTIQUE.
UN COMMISSAIRE.
ASSISTANTS.
SUITE d'OSCAR.

## Acte Premier.

*Le Théâtre représente l'extérieur d'une cabane située au pied d'une montagne près de la mer.*

### SCÈNE Iere.

#### BLANCHE.

Quel temps affreux ! On n'entend que le bruit sourd de l'orage qui gronde dans le lointain et les cris des oiseaux de mer qui cherchent un abri sur ces rivages. Ce sont là les présages d'une tempête ou d'un oura-gan ! Et avec ça, Ethelbert ne paraît pas encore. C'est pourtant aujourd'hui qu'il a marqué pour son retour, lorsq'il partit pour la ville; ce retard m'inquiète : il est si empressé, si imprudent quelquefois, qu'il aurait sans nul doute entrepris la route, sans songer aux dangers qu'il y a à voyager par ce temps d'orage ; il devait être ici depuis trois heures ; six heures viennent de sonner et il est encore à paraître.... S'il lui était arrivé quelque accident, s'il allait être victime de son imprudence !.... Oh ! cette idée me glace d'épouvante et d'effroi !.... ( *les éclairs se multiplient ; l'orage se fait entendre plus distinctement* ) oh ! mon Dieu ! vous qui prêtez l'oreille à la voix de celui qui vous implore, daignez exaucer ma prière ! Epargnez celui que j'aime plus que la vie ! qu'il arrive sans danger dans la cabane où l'attend la plus impatiente des filles ! ( *pendant ces dernières paroles Ethelbert est entré doucement et s'est placé derrière Blanche. — En ce moment l'orage éclate avec fracas ; Blanche tombe à la renverse dans les bras d'Ethelbert* ) Ah !

### SCENE II.

BLANCHE, ETHELBERT ( *Ses vête-ments sont en désordre.* )

ETHELBERT ( *recevant Blanche dans ses bras.* )

Blanche ne crains rien, je suis près de toi.

BLANCHE.

Ah ! c'est toi !.... que je suis heureuse de te revoir !.... Comment as tu pu entre-prendre le voyage par un temps aussi affreux.

ETHELBERT.

Je ne pouvais résister plus long temps au besoin de te presser dans mes bras !.....

BLANCHE.

Oh! si tu savais combien je craignais qu'il t'arrivât malheur.....Y a t il long-temps que tu es arrivé ?

ETHELBERT.

J'arrive à l'instant ; je craignais de te déranger ! Tu étais si noble, si belle à genoux ! que j'avais un instant douté si c'était ma Blanche bien aimée qui priait ainsi pour moi, ou un ange descendu des cieux ! J'étais en extase....

BLANCHE.

Flatteur !.... Je te reconnais bien là !... toujours quelques jolis compliments sur les lèvres.

ETHELBERT.

Quel ange de bonté !.. Et songer qu'il faut avoir assez de force et de résignation pour lui dire : Blanche plus de bonheur pour nous, il faut nous séparer !...

BLANCHE.

Mais tu ne me dis rien de ton séjour à la ville ! des jouissances que tu y as éprou-vées !

ETHELBERT.

Puis-je trouver des jouissances là où tu n'es pas ! Sans toi tout est solitude et désert pour moi. Tout ce que la vie a de séduisant ne peut ébranler ma curiosité s'il n'est em-belli par ta présence.

BLANCHE.

Que te dirais je de moi !...... Chaque jour qui se levait, m'apportait de nouvelles angoisses, de nouveaux ennuis que l'espoir de te revoir bientôt ne pouvait même pas dissiper. Mille pensées diverses assaillaient mon esprit agité par la crainte !

Te le dirais je. Je craignais que l'air de la ville, que ces mille et une jouissances que tu étais susceptible d'y rencontrer; que sur-tout...... (pardonne à mon amour ce mo-ment d'égarement et de doute) que surtout ces céleste beautés si pleines de grâce et de candeur dont les villes sont ordinairement peuplées, ne te fissent oublier celle qui ne faisait que gémir depuis ton départ.... Aujourd'hui encore quand quatre heures avaient sonné et que tu n'avais pas encore paru, quelles réflexions ne sont pas écloses en foule dans mon imagination ! A quel e agitations n'étais je pas en proie ! Oh ! il faut aimer comme moi pour comprendre ce qu'a dû souffrir mon faible cœur dans ces moments de lutte incessante !

ETHELBERT.

Je devais être ici en effet à l'heure que je t'avais moi-même indiquée, si je n'avais été arrêté par une cause bien sainte. A quelques milles d'ici, j'ai rencontré un pauvre vieillard gelant et ne pouvant presque plus marcher, qui cherchait en vain a regagner sa demeure ; je n'ai pas pu rester insensible à la vue de ce malheureux qui serait mort peut être en chemin si je ne lui avais offert une généreuse assistance : Je me suis proposé de le conduire chez lui à une lieue et demie environ de ma route ; c'est ce qu'il a accepté avec des démonstrations de reconnaissance et de joie et les larmes aux yeux ; et c'est aussi ce qui m'a retardé jusqu'à cette heure.

BLANCHE.

Ce sublime dévouement ne m'étonne pas de toi. Chacun de tes jours chaque heure de ton existence est remplie par une noble et bonne action !......

ETHELBERT.

Tu me flattes à ton tour.

BLANCHE.

Tu ne sais que trop que je dis vrai ; mais au reste laissons tout ça de côté ; et parlons de ton procès qui nous a valu une si longue séparation. Où en es tu ?... Comment s'est-il terminé ?

ETHELBERT.

Blanche, parlons d'autres choses ; plus tard nous parlerons de ce procès.

BLANCHE.

Pourquoi tarder si long temps à m'apprendre son issue !...... Mais je ne vois que trop de quoi il s'agit ! Tu veux me cacher ton malheur ; mais ton émotion, ton embarras de me répondre, me disent assez que tu as été la dupe du mensonge et de la perfidie.

ETHELBERT.

J'ai voulu te dérober le coup affreux qui m'a presque anéanti ; mais tu as su le découvrir !...... Oui ! Blanche j'ai perdu tout espoir de voir passer dans mes mains l'héritage de mon ... ; la balance a presque penché du côté du malheureux qui me vole impunément. Les misérables !... parce que je ne puis pas étaler à leurs yeux autant de magnificence et d'éclat que mon adversaire, ils semblaient m'écouter avec indifférence ; et toute leur attention ne se portait que sur les paroles de l'auteur de ma ruine. Enfin, jusqu'ici, il n'y a qu'une voix, qui, dégagée de tout sentiment d'intérêt, s'élève en ma faveur ! Mais que peut son influence contre celle des autres.

BLANCHE.

Mais tes titres ! leur as-tu fait voir tes titres !

ETHELBERT.

Eh mon Dieu que leur importent mes titres ?.. A peine les ont-ils parcourus !.. Pour ces gens là, vois-tu, faut plus que des papiers !... la justice s'achète !...Aies de l'or que tu aurais obtenu même au prix du déshonneur et du vol ; tu seras écouté avec attention ; à qui s'empressera de te couvrir du voile de sa protection. Mais sois comme moi présente-toi comme moi devant eux couvert des lambeaux de la misère ; à peine daigneront-ils du haut de leur siège de velours, t'accorder un regard de dédain et de mépris !.. Ils ne cherchent pas à voir si sous ces haillons dont se revêt l'indigence ne se cachent pas l'honneur et la vertu ! Honneur et vertu !.... Vains mots que leurs lèvres parjures n'ont jamais balbutiées !...

1

repousser l'indigent qui réc'ame leur protection ; protéger le riche qui peut les a
seoir à leur tab'e !.... C'est ainsi qu'i
comprennent l'honneur et la vertu !....

### BLANCHE.

Console-toi mon ami !.... ne t'abandon-
ne pas à ta dou-eur ; Dieu est grand ! tô
ou tard sa co-ère s'appe-entira sur eux.

### ETHELBERT.

C'est pour toi que je travaillais ! Pour toi
qui, ma'heureuse mais résignée, vois chaque jour ton front se courber sous le poid-
d'un travail dur et pénible; pour toi à qui i
ne manque que les reflets de la fortune
pour éclipser toutes les autres ! Pour toi en
fin que la nature semble avoir condamnée
aux plus cruelles épreuves,aux plus grandes
tribulations !...Mais le ciel en a décidé autrement !.... je croyais m'adresser à des
hommes dont l'âme ne battait que sous les
inspirations de la justice et du désinteresse-
ment ; mais je m'etais trompé amèrement !
...Is m'ont presque tout enlevé ; tout, jusqu'à l'esperance !

### BLANCHE

Ne te reste-t il pas mon amour ?

### ETHELBERT.

Oh oui ! N'est-ce pas qu'avec ton amour,
je puis tout braver !.... Ton amour, ange !— C'est le foyer d'où jaillit pour moi
l'étincelle de la résignation et de l'espoir !
C'est la source où je viens puiser ma force
et mon énergie ! Tiens, regarde ! Tout-à-
l'heure, des idées sombres, orageuses, tra-
versaient mon cerveau ; maintenant je me
sens renaître sous le prestige de ton regard ;
A l'accès de la frénésie, a succedé le calme
de l'espoir ! (La, pressant contre son cœur)
Tout à-l'heure je blasphémais cieux et
monde ! maintenant misère ! déceptions !
tortures de l'ame ! que pouvez vous contre
moi !

### BLANCHE.

Non, elles ne peuvent rien contre nous.
-levée au sein de l'infortune nous sommes
-epuis notre enfance, habituées à nous passer
e ces objets de lux- dont le vain étalage
-'a jamais excité mon envie !

### ETHELBERT.

Tu m'aimes bien, toi ! Je le sens sous
-es battements multiplié- de ton cœur !..
Moi aussi je t'aime Blanche !.... mais
quelque chose m'inquiète, vois tu ....Ton
pere..-.

### BLANCHE.

Mon père !.... Lui si bon !.... Lui qui
t'aime tant !....

### ETHELBERT.

Mon procès gagné fermait la porte à toute objection.—Je venais me jeter à ses
genoux, et en arrosant de mes larmes je
lui aurais dit, à ton père : J'aime votre
fil-e ; el-e m'aime aussi ; donnez-moi sa
main. Un nom que rien ne ternit, une ré-
putation honnête et pure ; un modeste héritage : Voilà ce que j'off-e en retour. Et je
l'aurais fl chi, car il est sensible et géné-
reux- Mais je pe1ds tout -ur cette mer de
doute où je flotte languissant, éperdu, un
seul espoir me restait , je m'y cramponne
comme un insensé ; trompeuse illusion ! on
me l'enlève, et avec lui mes rêves de bonheur et d'avenir !

### BLANCHE.

Oh ! ca me toi !

### ETHELBERT·

Maintenant, enfant abandonné de tous,
quelle garantie puis-je offrir, moi !... Rien
qu'un présent horrible qui me présage un
avenir plus horrible encore !

### BLANCHE

Pourquoi te reporter toujours vers ces
idées d'avenir...

ETHELBERT.

Enfant ! C'est que ta vue ne s'étend pas
au-delà de l'horizon—Eh bien ! J'aurais
voulu être comme toi.

BLANCHE.

A quoi donc te résous-tu ?

ETHELBERT.

Ecoute, Blanche !—Tout semble se li-
guer pour nous accabler ; attendons donc ;
laisse moi lutter encore contre les coups de
l'adversité. Je forcerai, je l'espère le sort
à céder devant moi : et alors je le jure ici,
au nom de notre amour, au nom du Dieu
puissant que nous invoquons : quand ce Dieu
aura laissé tomber sur moi un sourire de
bénédiction ; je le ferai rejaillir sur toi, ce
sourire, et tu seras à moi, à moi pour la
vie.

BLANCHE.

Qu'il soit fait ainsi que tu le désires !..
Puisses-tu ne jamais changer.

ETHELBERT.

Moi changer pour toi mon ange ! que la
colère du ciel retombe sur moi ! que je sois
mille fois maudit ! s'il me venait même à la
pensée de rompre les nœuds du serment de
fidélité que je t'ai fait et que je te renouvelle
ici.

(Le temps s'assombrit de plus en plus
les éclairs se multiplient.)

BLANCHE.

Oh ! j'ai peur.... ces éclairs me font un
mal étonnant !

ETHELBERT.

Eh bien ! Adieu ; entre dans la cabane,
tandisque je vais voir si quelqu'infortuné,
égaré dans ces montagnes n'a pas besoin
d'assistance.

BLANCHE.

Adieu ! du courage !

ETHELBERT.

Du courage ! ...J'en ai trop pour mon
malheur !....Oh ! si le désespoir prenait
le dessus et pouvait étouffer mon courage...
Un mot un geste suffisait pour....

BLANCHE. (l'interrompant.)

Arrête malheureux !.. tu as des idées de
suicide !.... N'as-tu donc plus de croyance
en celui qui a dit : souffre et espère. Pourquoi prendre un éclair pour l'orage ; une
illusion pour la réalité !.... Es tu rendu à
ce point de ne pouvoir plus croire à rien
...Ecoute moi, mon ami aies foi en la puissance de Dieu et espère.

ETHELBERT.

Il y a bien long temps que j'espère, et
toujours en vain !

BLANCHE.

Qu'importe : espère toujours .... l'espérance n'est-elle pas la vie ?

ETHELBERT

Oh ! oui, comme le désespoir est la
mort !.... Mais adieu ! je te quitte. (Il
sort et Blanche entre dans la Cabane.)

## SCENE III.

ROGER de St-HILAIRE ( entrant
par la droite du spectateur )

Ma foi, je ne vais pas plus loin ! Par le
temps qu'il fait, il est impossible de s'aven-
turer plus long temps dans ces montagnes
sans s'exposer à de bien grands dangers...
Tiens justement, j'aperçois une cabane...
Je ne pouvais pas mieux choisir un lieu de
refuge pour passer la nuit et attendre le retour du beau temps...quel que soit celui
qui l'habite, il faut qu'il se résolve à me
donner l'hospitalité.. Voyons ... (Il s'ap-
proche de la cabane et s'arrête.) Mais si
j'allais frapper à la porte d'un bandit...

Ce'a pourrait fort bien arriver ; quel est l'homme du monde qui serait venu empri sonner sa vie dans de semblab'es lieux.... Soyous moins pressé ; la prudence est mère de la sûreté...Il serait inutile d'éviter un danger pour tomber dans un autre... Me foi, dans cette incertitude, j'aime mieux con tinuer ma route. *(Il va pour sortir )* Mais j'aperçois un viellard qui se dirige vers moi. C'est sans doute l'habitant de cette ca bane , il m'a p utôt l'air d'un cénobite que d'un bandit.

---

## SCENE IV.

### ROGER —DE ST. AMAN.

*(Roger, saluant )*

Qui que vous soyez, Monsieur, daignez donner l'hospita ité pour cette nuit à un homme qui craint en errant plus long-temps à travers ces montagnes, de s'exposer à des dangers qu'il veut éviter en cher-chant chez vous un abri.

### St AMAN.

Ma cabane est à vous Monsieur, restez y et usez de tous les droits que vous accorde l'hospitalité.

### ROGER.

Je suis reconnaissant de ce noble et ten_ dre accueil.

### St. AMAN.

Vous devez être bien fatigué .. Je n'ai rien de bon à vous offrir. L'aspect même de ces lieux doit vous annoncer la misère qui y règne...Cependant si vous désirez prendre quelques gouttes d'eau-de-vie pour vous réchauffi r pour ranimer vos membres engourdis par le froid et la fatigue...

### ROGER.

Je vous remercie bien de votre hon-nêteté.

### St. AMAN.

C'est tout ce que peut vous offrir mon indigence ; mais elle vous l'offre de bon cœur... Venez-vous de bien loin, Mon-sieur ?

### ROGER.

Je viens à dix lieues d'ici environ ; la cu-riosité, le désir de me promener m'ont poussé à passer par ces montagnes. J'étais à quelques milles de votre demeure, lorsque le temps s'est voilé tout d'un coup , l'orage a commencé à gronder et à me faire con-cevoir de graves craintes sur l'incertitude où j'étais de trouver un lieu de refuge. Ne connaissant pas du tout la route, je me suis égaré, heureusement pour moi, que mes pas m'ont guidé vers votre demeure : sans cela je ne sais en vérité, comment j'aurai passé la nuit dans ces forêts.

### St. AMAN.

C'est en effet un endroit bien retiré que celui-ci.

### ROGER

Quelle idée avez vous, de vous renfermer ici ?

### St. AMAN.

Le besoin de repos, l'amour de la solitu-de m'ont fait choisir ce lieu de préférence.

### ROGER.

Vous êtes-vous toujours isolé du monde ?

### St. AMAN.

Toujours ? Non...Il fut un temps où je recherchais les plaisirs du monde ; où je me laissais bercer au murmure de la foule. C'était le temps des illusions: Mais aujourd-'hui que tout a changé que la fortune s'est fait un jeu de m'éprouver, la rumeur du monde me fatigue ; les cris de cette fou'e joyeuse que je cherchais autrefois me font mal et éveillent dans mon âme de cuisants souvenirs... Plus ma solitude est profonde et retirée, plus j'y trouve de charmes et d'attraits.

ROGER.

Vous avez donc été fortement persécuté par le malheur ?

St.-AMAN.

Par le malheur, et plus encore par les hommes.

ROGER.

Cela ne m'étonne guères ; les hommes qui devraient se considérer comme un peuple de frères, ayant tous les mêmes désirs, les mêmes vœux, la même ambition : *le bien de tous*, sont quelquefois bien injustes Pour l'élévation des uns, ils plongent les autres dans un abîme de souffrances et de malheurs que des siècles de remords ne peuvent pas combler.

St. AMAN.

Et pourtant à entendre quelques uns d'entre eux, ils sont sur la terre pour accomplir de sainte mission : mission toute d'union, de paix et d'amour.—Ils vont crier de par le monde, de toute la force de leurs poumons : " Frères, plus d'inimitiés ! plus de haine ! qu'un même lien nous unisse ! qu'un même cri parte de nos cœurs : union et fraternité !—Guerre, guerre à mort au despotisme arbitraire !"—Mensonge odieux qu'ils ne savent même pas colorer ! oh ! combien leurs sentiments, leurs actions de chaque jour viennent jeter un démenti à ces idées de propagande que proclament leurs lèvres souillées !

ROGER.

Ceux-là sont les premiers à éterniser le règne de l'anarchie et de l'inquisition. Malheur à ceux qui veulent s'opposer à la digue de leurs débauches et de leurs emportements ! Ils sont bien vite balayés par le torrent qui les entraîne.

St.-AMAN.

Comme vous me voyez, j'ai eu, moi aussi des jours de bonheur et de félicité. L'orage n'a pas toujours grondé dans ma vie.—Fils d'une des plus grandes familles de France, je fus, lorsque je débutai dans le monde, maître d'une fortune que je n'aurais jamais pu épuiser ! Mais à une époque d'odieuse mémoire, ma fortune fut engloutie , mes biens perdus, pillés, et je fus en peu d'instants réduit á l'état où vous me voyez.

ROGER.

A quelle fatalité devez vous tant de malheurs ?

St. AMAN.

A la Révolution de 93. Cette Révolution sanglante où Robespierre et Marat, la torche à la main prêchaient le massacre et l'incendie, où tous ceux qui, par leur origine appartenaient à la noblesse, succombaient sous les coups meurtriers de ces maîtres assassins !

ROGER.

Vous êtes né français !.... Allons, je bénis le ciel d'avoir guidé mes pas jusqu'ici : Frères du même sol, nous sommes frères par les mêmes malheurs.

St. AMAN.

Vous aussi, vous avez eu à souffrir....

ROGER.

De la Révolution de 93 ?.... Nom d'un chrétien, mon cher ! quel français n'a pas eu à déplorer ces actes de barbarie qui ont reculé la civilisation de plus d'un siècle. Il n'est pas à souhaiter que des hommes tels que les Robespierre, les Marat, les Mirabeau reparaissent sur la scène du monde.

St. AMAN.

Oh ! maudit soit le jour qui vit naître ces brigands forcenés.

ROGER.

Que vous reprochait-on, à vous ?—Avez vous joué un certain rôle dans la Révolution ?

ST AMAN.

Oh ! mon Dieu ! faut il être pour quelque chose dans la participation d'une action pour donner jour à la barbarie de s'exercer contre soi. — Mon seul crime, à moi, fut d'être de la noblesse.

ROGER.

Sans être indiscret puis-je vous demander votre nom ?

ST. AMAN.

Je m'appelle de St. Aman.

ROGER.

De St. Aman !....

ST. AMAN.

Ce nom vous surprend ?

ROGER.

Je croyais me rappeler.... Mais non ; c'est une erreur.... ( à part ) de St. Aman, c'est son nom !....

ST. AMAN.

Ma famille, Monsieur, occupait une place honorable dans les annales de la patrie.

ROGER.

Où est-elle maintenant ?

ST. AMAN.

Oh ! maintenant elle est presque éteinte ; elle ne survit que dans deux êtres : ma fille et moi.

ROGER.

Ah ! vous avez une fille !.... N'avez-vous jamais eu d'autre enfant ?

ST. AMAN.

J'avais un fils qui faisait l'ornement de ma vie, car en lui était l'espoir de ma maison ; c'était l'unique héritier de mon nom — Mais lorsque poursuivi jusque dans ma demeure par cette horde sauvage, commandée par Robespierre, je vis le moment où ma femme et mes enfants et moi même allions payer de notre sang la responsabilité d'un nom que nous ont légué nos ancêtres, je voulus les préserver du sort qui les menaçait ; Je prends ma fille dans mes bras, J'allais faire autant de mon fils , mais il avait déjà disparu.—Appelant alors l'anathème et la malédiction du ciel sur ces brigands déchaînés, mais n'ayant pas une minute à perdre, je m'élance à travers la foule, et je parviens à m'échapper á la fureur des Révolutionnaires.

ROGER.

C'est bien lui !...., que fites vous alors ?

ST. AMAN.

Ne pouvant plus vivre dans les environs de la France où la rage de ces lions populaires n'était pas encore assouvie, et déchiré par le souvenir de la perte de mon fils et de tous mes biens, je résolus d'aller chercher sur une terre étrangère le repos et l'existence qu'on m'avait enlevés.—Je me rendis d'abord en Italie ; mais là venaient mourir les bruits de la révolution dont les laves avaient presque dévoré la France ; nos vues se portèrent alors sur ces rivages où nous sommes venus isoler nos plaintes et nos chagrins.

ROGER.

Et où vous êtes venus apprendre à pardonner aux hommes leurs injustices et leurs erreurs et à cesser de souffrir.

ST. AMAN.

A cesser de souffrir !.... oh ! malheureusement non ! car là ne devait pas se borner cette longue série de tourments qui accable ma vie.—Il était écrit que j'épuiserai jusqu'á la lie, la coupe des tribulations.

ROGER.

Vous aviez à lutter contre de nouvelles épreuves !

ST. AMAN.

Il y avait deux ans que nous habitions

cette île, lorsqu'un nouveau malheur vint me frapper. Ma femme que tant de secousses avait brisée, mourut de désespoir et de douleur ! Jusque là j'avais pu lutter avec calme contre tout ce qui m'était arrivé ; j'avais traversé, sans faire entendre un cri de désespoir, un seul blasphême, les différentes phases de ma vie ! Mais quand Dieu fut venu mettre entre elle et moi, l'Eternité, oh ! je compris alors qu'il est d'autres souffrances plus profondes, d'autres maux plus affreux que ceux de la misère !.. Brisé, anéanti par la douleur, je serais mort quelques heures après elle, si un autre lien ne me retenait au monde : Ma fille ! pauvre enfant qui a sucé avec le lait de sa mère l'absinthe des douleurs—ma fille existait encore.. Il fallait se résigner à souffrir, à accepter la vie non pas pour moi : La mort m'eut été plus douce ; mais pour elle, pour cet être d'amour qui me restait sur la terre et qui est maintenant pour moi : vie, espoir, bonheur ; si l'on peut appeler ainsi ces quelques heures de paix et de tranquillité que son amour et sa tendresse me font goûter !

### ROGER.

Je vous plains bien !.. Mais votre fils qu'est-il devenu ?

### St AMAN.

Il y a toute apparence qu'il est mort ; bien que quelque temps après cette scène déchirante, je reçusse une lettre d'un M. Roger de St. Hilaire qui m'assurait que mon fils existait.

### ROGER.

S'il pouvait me reconnaître !

### St. AMAN.

Mais le temps et les circonstances sont venus jeter un démenti à cette assertion. Mon fils que la hâche révolutionnaire n'a pas épargné sans doute, est mort peut être

de la main même de ce Roger qui fut, dit-on, un des plus chauds partisans de la Convention.

### ROGER.

Pourquoi le penser ?.. Peut être ne vous a-t-il point menti en vous rassurant sur l'existence de votre fils ; et en l'enlevant à vos yeux, peut être eut il un but plus louable que celui que vous lui supposez ?

### St. AMAN

J'aurais voulu que votre bouche fût benie ; mais tout m'oblige à renoncer à cet espoir.

### ROGER.

Pourquoi vous l'aurait-il donné ?

### St. AMAN.

Sachant que j'ai échappé à la rage de ses satéllites, il a voulu se faire un jeu de ma douleur, et agrandir par un mensonge odieux la plaie qu'avait faite à mon cœur la la perte de mon fils, et que le temps n'avait pas cicatrisée.

### ROGER.

Vous l'avez donc bien souvent maudit, cet homme.

### St. AMAN.

Tant qu'il me restera quelques gouttes de sang dans les veines, tant que ma bouche pourra balbutier quelques mots, je ne cesserai pas de le maudire.

### ROGER.

Injustice des hommes qui condamne toujours sans s'assurer de la vérité ! Remettez, monsieur au temps et aux évènement le soin de justifier celui qu'accuse votre amour paternel—quoique tout-à-fait étranger à vos malheurs et au récit que vous venez de me faire, quelque chose me dit qu'un jour vous reverrez ce fils que vous avez tant pleuré.

St. AMAN.

Merci, monsieur ! Ce que vous me dites
là prouve la bonté de votre cœur.

ROGER, (*à part.*)

S'il allait me reconnaître !... quel compte
lui rendrai-je de son fi s que j'ai confié en
d'autres mains !... Eloignons-nous.

St. AMAN.

Maintenant que vous connaissez mon
histoire, puis-je vous demander la vôtre ?

ROGER.

Oh ! la mienne n'a pas d'incidents ex-
traordinaires, je vous assure ; elle ressem
ble à celle de tons ceux qui, comme moi,
vivent dans la plus grande obscurité !

St. AMAN.

Cependant, si ma mémoire me sert bien
je crois me rappeler que vous m'avez dit
que vous gardez de la Révolution des traces
de grands malheurs.

ROGER.

Ma foi, je ne sais pas trop pourquoi je
vous l'ai dit.... ( *se recueillant* )—Voici en
peu de mots mon histoire : mon père était
un vieux soldat de la garde roya'e —C'était
un fier gaillard que mon père aussi brave que
son épée : toujours le premier sur la brêche
Royaliste jusqu'à la racine de cheveux, son
roi n'avait jamais fait un appel en vain
à sa bravoure et à son courage —Aussi fut-
il victime de son zèle et de son dévouement
car dans la journée du neuf Thermidor, où
le sang ruisse'ait dans Paris, après que l'or-
dre et la tranqui'ité fussent rétablis, il fut
un des premiers dont on trouva le cadavre,
pâle, étendu sur le champ du carnage.

St AMAN.

De qui voulez vous parler ?

ROGER.

De Dumesnil.

St. AMAN.

Vous êtes le fi's de Dumesnil ?

ROGER.

Oui ; sans doute.

St. AMAN, *lui serrant la main.*

Honneur et gloire au fi s du vaillant soldat.

ROGER.

Vous l'avez connu ?

St. AMAN.

Comment donc !.... C'est lui qui aida
mon érasion.

ROGER, *continuant.*

Ma foi, après cette catastrophe, je me suis
dit : maintenant que mon père est mort
pour la patrie, et que la patrie ne semble
pas se souvenir du fi's, allons chercher for-
tvne ailleurs ; et je suis venu tranquille-
ment me jeter sur cette île.

St.-AMAN.

Allons, c'est un nouveau sujet de nous
aimer !.... Soyons unis, mon cher Dumesnil, (*il lui serre de nouveau la maiu.*)

ROGER.

Il n'y a pas d'opposition à cela.

St. AMAN.

Ayant aimer le père, je veux aimer le
fi's.

ROGER.

Et le fi's sera reconnaissant de l'attache-
ment que vous avez eu pour le père....
Mais avec ça, il est temps de reprendre sa
route.

St.-AMAN.

Quoi ! déjà vous partez....

ROGER.

Oh ! oui : je me suis arrêté même un
peu trop long temps ici.

St-AMAN.

Mais vous ne songez pas au mauvais
temps qu'il fait.

ROGER.

Le temps commence à ce dissiper ; l'orage devient moins fréquent ; j'aurai le temps d'atteindre le but de mon voyage sans aucun accident.

St. AMAN.

Que je ne vous retienne pas. Mais si jamais vos excursions vous conduisent un jour vers ces montagnes, daignez, mon cher Dumesnil, venir visiter l'habitant de la cabane.

ROGER.

C'est la première chose à laquelle je songerai.... Adieu, M. de St-Aman.

St AMAN.

Allons, bon voyage mon brave ami, que Dieu vous préserve de tout accident.

------

*SCENE V.*

------

St AMAN, (*seul.*)

Quel vaillant homme ça m'a l'air de faire !.. Il me rappelle parfaitement la figure noble et martiale de son père.. C'était ça un homme, que son père ! d'un courage à toute épreuve ; d'une adresse, d'une intrépidité ! Ah ! si la Royauté chancelante en ce temps là, avait pour la soutenir des soldats aussi dévoués que lui, les Révolutionnaires de 93 auraient eu beau jeu à renverser la Monarchie...

------

*SCENE VI.*

------

St. AMAN, BLANCHE.

BLANCHE.

D'où viens-tu donc mon père ?.. Je commençais à concevoir des craintes sur ton absence.

St.-AMAN.

Pauvre petite ! peu de chose t'effraie sur le compte de ton père ; cela prouve que tu l'aimes bien.

BLANCHE.

Voilà trois heures que tu es dehors et cela ne t'est jamais arrivé, sans que tu m'en previennes.

St AMAN.

Ne m'en veux pas pour cela, mon ange.. J'ai été voir René qui est un peu malade, tu le sais ?

BLANCHE.

Comment va-t-il ?

St. AMAN.

Mieux mon enfant, beaucoup mieux.

BLANCHE.

Que Dieu lui rende entièrement la santé ; c'est un si brave homme.

St. AMAN.

Il était joyeux de me voir.. .et si je l'écoutais, je n'aurais pas été encore ici pour dissiper tes craintes.

BLANCHE.

Quel est ce Monsieur qui vient de vous quitter ?

St AMAN.

C'est le fils d'un homme dont le nom m'est bien cher, mon enfant ; d'un homme qui se dévoua pour la cause de son pays. C'est le fils enfin d'un de mes compagnons d'armes le brave Dumesnil.

BLANCHE.

Je ne vous ai jamais entendu prononcé ce nom là.

St. AMAN.

C'est qu'il est des noms révérés qu'on ne prononce jamais parce qu'ils rappellent de cruels souvenirs qui s'y rattachent.

BLANCHE.

Qui vous a procuré l'honneur de sa visite ?

St. AMAN.

Il s'est arrêté ici pour me demander l'agrément d'y passer la nuit. Mais je ne sais quelle fantaisie lui a pris, il s'est décidé

3

tout d'un coup à me quitter, en dépit de mes prières et du mauvais temps.

**BLANCHE.**

Il a une physionomie bien ouverte.

---

### SCENE VII.

---

*Les précédents, ETHELBERT.*

*( Le temps est devenu plus sombre, l'orage se fait entendre plus distinctement )*

ETHELBERT, *(entrant précipitamment.)*

Un spectacle horrible vient de s'offrir à mes regards sur le rivage. Un navire battu par la tourmente, lutte depuis une heure contre les houles agitées qui menacent de l'engloutir.—En vain fait il tous ses efforts pour regagner le large, les courants et les vents contraires l'entraînent vers les récifs où il viendra se briser sans résistance ! Encore un instant, ô mon Dieu ! et tout disparaîtra sous les flots.

**BLANCHE.**

Les malheureux !

**St AMAN.**

Et songer qu'il faut être muets spectateurs d'une scène semblable, sans pouvoir rien faire ! Voir mourir des hommes sous vos yeux sans pouvoir les secourir !

**BLANCHE.**

Prions ! Prions pour eux ! Puisque c'est tout ce qu'il nous est permis de faire !

**St.-AMAN.**

Puisse Dieu exaucer nos vœux et rendre ces innocentes victimes à la vie !

**ETHELBERT.**

Ecoutez.... Ces coups de canon que l'écho nous rend faibles et mourants ! ....

**St. AMAN.**

Ils demandent du secours ! .... oh ! mon Dieu ! c'en est fait d'eux ? .... Regardez mes enfants ; le voyez vous la bas ! .... ( on

voit passer un vaisseau ; ses voiles sont en désordre. ) Il est presque sur les récifs.

**BLANCHE** ( *se mettant à genoux*)

Oh ! mon Dieu ! pitié, pitié ! pour eux !

ETHELBERT, *s'élançant hors de la scène.*

Je vole à leur secours !

**St. AMAN.** *(le suivant )*

Si nous ne pouvons rien pour eux, qu'ils meurent du moins en nous bénissant.

**BLANCHE,** *(seule )*

Mon dieu ! mon Dieu ! Epargne leur une mort aussi cruelle ! ( *Un moment de silence pendant lequel Blanche témoigne par son attitude la plus vive anxiété* )

[*Plusieurs voix au dehors.*]

Courage ! Courage ! sauvez-le.

**BLANCHE.**

Que se passe t-il au dehors ! ...... Ces cris ! ....

**St-AMAN,** *(entrant précipitamment.)*

O ma fille ! .... Ethelbert ! ....

**BLANCHE.**

Que lui est-il arrivé !

**St. AMAN.**

Il s'est élancé dans l'abîme !

**BLANCHE.**

Ah ! ........

*(Les voix.)*

Courage ! .. . Sauvé ! .... Sauvé !

**St..AMAN.**

Ecoute ! .... (*Il court vers l'endroit d'où partent les cris et disparaît ; silence d'un instant.*)

**BLANCHE.**

Tout est perdu ! .... oh ! Seigneur ! vous l'avez tué !....

St.-Aman, *(entrant suivi de plusieurs hommes )* Par ici, mes amis, par ici ! (*courant vers sa fille*) Rendons grâces au ciel mon enfant ; ils sont sauvés tous les deux.

**St. AMAN.**

Oh ! merci, mon Dieu ! d'avoir exaucé, nos vœux !

## SCENE VIII.

St. AMAN, — BLANCHE, — ETHEL
BERT, — DUNIENVILLE, — OSCAR,
*évanoui porté par plusieurs marins ; d'autres*
*marins suivent.*

### St. AMAN.

Déposez-le dans ma chaumière, messieurs.

DUNIENVILLE *fait porter Oscar dans*
*la Chaumière.*

### BLANCHE *(à Ethelbert)*

Tu t'es blessé !

### ETHELBERT.

Ce n'est rien.... calme toi.... ce n'est
qu'une petite contusion qui ne me fait presque pas de mal.

### BLANCHE.

Sais-tu que tu t'es exposé !

### ETHELBERT.

Je ne pouvais pas voir mourir sous mes
yeux, sans chercher à le sauver, ce malheureux qui semblait implorer notre secours.—Le navire venait de voler en éclats,
l'équipage s'était sauvé ; seul, le capitaine
luttait contre les flots.—Ses forces étaient
épuisées et je voyais le moment où il allait
disparaître pour toujours.—Ma conscience
me reprochait d'assister à l'agonie d'un
homme se tordant dans les bras de la mort,
pour lui disputer son dernier souffle, sans
tenter les moyens de l'en arracher.—Je
m'élance à travers les vagues, sans même
calculer le danger que je courais par cette
imprudence.—Je le saisis au collet et le
traînant après moi, je parviens à atteindre
le rivage où les autres nous attendaient.

### BLANCHE.

Noble et belle action !.... *(à DUnien-*
*ville qui sort)* Comment va le capitaine
Monsieur ? — A-t-il été dangereusement
blessé ?

### DUNIENVILLE.

Presque pas, Mademoiselle ; Ce n'est
qu'un évanouissement qu'il a en ce moment ;
il faut espérer qu'avec l'aide de Dieu et
vos bons soins, il sera parfaitement bien
dans quelques jours.

### BLANCHE.

Nous le souhaitons tous.

### DUNIENVILLE, *(à Ethelbert.)*

Et c'est à votre noble courage que nous
devons la conservation des jours de notre
capitaine.—Recevez-en l'expression de ma
reconnaissance et celle de mes compagnons.
*(Les marins s'inclinent.)*

### ETHELBERT.

Merci, monsieur, merci ! En faisant ce
que j'ai fait, je ne croyais pas si bien mé-
riter de vous.

FIN DU PREMIER ACTE.

# Acte Deuxieme.

*Intérieur de la cabanne; quelques vieux meubles répandus ça-et-là composent tout l'ameublement.*

SCENE 1ère.

OSCAR,—ETHELBERT,—BLANCHE.

OSCAR.

Que je suis reconnaissant, Mademoiselle, des soins que j'ai reçus et que je reçois encore chez vous. Je n'aurais pas rencontré autant de sollicitude de la part d'une sœur.— Aussi le jour où, battu par la tourmente mon vaisseau se brisa sur vos rochers, et où par cet accident imprévu, je fus transporté chez vous, ne s'effacera jamais de ma mémoire; il a laissé dans mon âme de trop douces émotions, pour que je l'oublie jamais.—C'est l'époque la plus remarquable de ma vie dont le souvenir fera toujours attendrir mon cœur.

BLANCHE.

Nous avons fait pour vous ce qu'un autre, ce que vous même eussiez fait pour nous, si nous étions dans votre situation.— C'est une dette que nous a prescrite la nature et dont nous nous sommes acquittés.

OSCAR.

Vous parlez comme un ange! Vous rehaussez l'éclat de votre noble et belle action par cette modestie qui vous sied si bien et dont vous savez si bien vous parer.

BLANCHE.

Je suis franche et je ne dis que ce que je pense; et s'il y a quelqu'un ici qui mérite plutôt votre reconnaissance, c'est assurément, Monsieur, qui, sans calculer le danger auquel il s'exposait, a bravé l'océan pour vous sauver.

OSCAR.

A chacun son tour; je réservais à monsieur ma part de remercîments ; à lui aussi ma reconnaissance tout entière. Je ne saurais assez payer son noble dévouement.

ETHELBERT.

Je ne vois rien que de naturel dans ce que j'ai fait.

OSCAR.

Celui qui, comme vous, monsieur, a voulu faire presque le sacrifice de sa vie pour conserver la mienne ; celui qui n'a pas craint d'affronter les plus grands périls pour me ravir à la fureur des flots, a droit plus qu'à ma reconnaissance ; et s'il faut verser jusqu'à la dernière goutte de mon sang pour lui être un jour utile, je le ferai sans hésiter, et je croirais n'avoir pas encore assez fait pour lui.

ETHELBERT.

Je n'exigerais pas tant de vous ; un peu de votre estime serait ma meilleure récompense.

OSCAR.

Mon estime ! vous l'avez déjà acquise, je fais plus, je vous donne mon amitié.

ETHELBERT.

Je l'accepte avec d'autant plus de plaisir, qu'elle m'honore.

OSCAR.

Soyons donc amis ; que rien désormais ne vienne briser les liens qui nous unissent.—Votre nom ?

ETHELBER.

Ethelbert !

OSCAR.

Eh bien ! Ethelbert, quand vous aurez besoin de mon service parlez et il n'est rien que je ne fasse pour vous prouver mon dévouement.

ETHELBERT.

Et moi aussi, j'emploierai tout pour mé-

riter de plus en plus cette faveur que vous m'accordez.—(Il sort.)

(Oscar voyant s'éloigner Ethelbert.) Noble caractère, vrai Dieu !.... C'est ainsi que j'aime à voir les hommes probes : francs, loyaux.

BLANCHE.

Oh ! quand à ça, je réponds de lui !.... Partout il est cité pour sa loyauté et sa probité.

OSCAR.

Comme vous êtes citée, vous, belle Demoiselle, pour vos vertus et vos charmes.

BLANCHE.

Il est surtout d'un dévouement à toute épreuve.

OSCAR.

Vous paraissez beaucoup l'aimer n'est-ce pas ?

BLANCHE embarrassée.

C'est que.... voyez vous.. c'est le seul ami véritable que nous comptons dans toute l'Ile.

OSCAR.

Et les vrais amis sont si rares que, lorsqu'on en a un sur la fidélité duquel on peut se reposer, on doit tout employer pour le conserver.

BLANCHE.

C'est juste....

OSCAR.

Et il me semble que vous n'en comptez pas beaucoup ici, des amis.... Ces lieux me paraissent déserts.... on doit s'y ennuyer à mourir.

BLANCHE.

Eh bien ! au contraire.... quant à moi je m'y plais beaucoup.

OSCAR.

C'est qu'étrangère aux beautés et aux

magnificences des grandes villes, vous n'a-
vez jamais songé à la gloire et aux jouissances qu'on peut y rencontrer.—Oh ! si
vous pouviez, une heure seulement, étaler
les charmes que la nature vous a départis,
dans ces salons resplendissants de lumières
et de doux sons, où vous accueilleraient le
murmure et l'admiration de la foule, combien vous sentiriez votre cœur tressaillir
d'ivresse et de joie !....

BLANCHE.

Je ne serais pas plus heureuse pour cela;
mon existence ne serait pas plus comblée...

OSCAR.

Eh quoi ! durant vos heures de solitude
et de mélancolie, un sentiment de tristesse
et de dégoût ne se serait pas emparé de votre
âme, lorsque comparant votre abandon à
cette existence pleine de doux rêves qu'on
coule au centre des grandes capitales, vous
avez pu sentir le vide qui existe en vous ;
vide que ne comble même pas l'espérance !
Vous n'avez jamais senti le besoin d'aller
pour un instant au moins jouir des bienfaits
d'une fête, et étendre vos grâces au milieu
de ces sociétés dont on vante tant le goût,
l'élégance et la perfection !...

BLANCHE.

Jamais ! ma solitude m'a toujours paru
préférable à tous les autres bien de la terre.
Et puis, qu'irai je faire dans ces sociétés
auxquelles vous faites allusion. Moi, pauvre enfant obscure et solitaire comme la fleur
de ce désert !

OSCAR.

Oh vous avez raison ! vous vous brise-
riez au contact de ces sociétés ! Douce
fleur, éclose loin du souffle des passions hu-
maines, dont le parfum s'exhale sous une
brise innocente et pure, vous perdriez vos
couleurs au milieu de ces salons où la haine
l'envie et la calomnie s'attacheraient à vos

pas et vous flétriraient de leur souffle em-
poisonné.

BLANCHE.

Vous passez de l'admiration à l'indignation avec une promptitude merveilleuse !
tout-à-l'heure pour le monde, maintenant
contre.

OSCAR.

C'est que j'ai su l'apprécier, ce monde à
sa juste valeur ! Je me suis un instant
mêlé au tourbillon de ces flots d'adorateurs
qui tous avaient des prétentions plus ridi-
cules les unes que les autres.... Tristes
avortons de la nature qui n'acceptent de la
vie que juste ce qu'il faut pour leur honte
et leur dégradation ! chez qui un affreux
scepticisme a tué depuis bien long-temps
les nobles inspirations et les sublimes ins-
tincts du beau !.... Qui font du préjugé un
culte, une religion, une vertu ! Honte sur
eux !.... J'ai étudié les différents groupes
des sociétés qui se distinguent par ces différentes attributions : *Aristocratie, Démo-
cratie, Philantropie :* dérision !....J'ai senti
s'éteindre en moi une conviction, à mesure
que je m'initiais aux mystères des lois et
des exigences sociales ! Et je suis arrivé à
ce point de n'avoir pour le monde que haine
et mépris !

BLANCHE.

De quoi vous plaignez-vous ? ce monde
que vous blâmez tant n'a pas été si ingrat
envers vous : rang, distinction, fortune
n'avez vous pas obtenu tout cela !

OSCAR.

Eh bien! tout cela est mon ouvrage, à
moi ! fils de la liberté, né pour imprimer
aux masses la trempe des sentiments qui
me dominent, j'ai su étouffer les sifflets de la
médiocrité et de l'envie. J'ai lutté corps à
corps avec le préjugé et je l'ai terrassé
sans nom ! sans distinction apparente, j'ai

pourtant forcé le monde à me craindre et à m'admirer.

**BLANCHE.**

Que voulez-vous de plus ?

**OSCAR.**

Ce que je veux !.... Oh ! mon Dieu ! puissé-je le voir se réaliser un jour ! c'est ma seule ambition !...ce que je veux ! c'est l'accomplissement de cette loi divine et sainte : *Union* et *Fraternité* ! C'est l'anéantissement de ces distinctions d'origine et de naissance, faites pour semer la discorde et la haine parmi les hommes plutôt que pour leur inculquer des idées de libéralisme et de grandeur ! Ce que je veux ! c'est qu'il n'y ait qu'une distinction, qu'une aristocratie : le TALENT !

**BLANCHE.**

Eh bien ! pourquoi ne pas espérer.... pensez vous qu'un jour les hommes ne comprendront pas enfin qu'il faille briser ce joug d'oppression sous lequel gémissent leurs frères ?

**OSCAR.**

Cet espoir là du moins est la consolation des nobles cœurs. Oui ; un jour tous les hommes comprendront qu'ils sont frères : qu'ils doivent former cette grande famille humaine dont le premier mobile sera l'accord. Ils sentiront la nécessité de se grouper sous la même bannière sur laquelle ils inscriront en lettres ineffaçables ce mot sublime : *Liberté.*

**BLANCHE.**

Notre religion nous l'annonce du moins.

**OSCAR.**

Oh ! comment ne pas croire à cette novation, à cette fusion de toutes les castes, lorsque c'est vous qui l'annoncez. Comment vous refuser le don de prophétie, à vous qui savez si bien faire naître l'espérance, là où il n'y avait que doute et désespoir.

**BLANCHE.**

Je ne vous l'annonce pas ; je dis qu'aux yeux de la religion tous les hommes sont égaux.... Mais nos dissertations sur toutes ces futilités de l'époque m'ont fait oublier que j'ai des travaux qui m'appellent ailleurs et j'y vole. Allons ; au revoir et un peu plus de confiance dans la philantropie des hommes.

## *SCÈNE II.*

**OSCAR, (seul.)**

Fille angélique et pure dont la présence éveille dans mon âme la plus vive impression ! Comment puis-je assez payer tes bontés ! Sous cette humble chaumière que ta présence embellit, tu m'as fait goûter quelques heures de ce bonheur ineffable que je n'ai jamais trouvé ailleurs. Tu m'as fait entrevoir cette vie d'illusions à laquelle j'avais presque renoncé.... oh ! qui eût dit qu'au milieu de ces montagnes isolées, vit la plus pure des vertus, dont les grâces portent dans l'âme l'ivresse et le bonheur ! quel heureux assemblage de qualités exquises, de nobles sentiments ! chez elle, tout est perfection ! Blanche, s'il m'est donné de te posséder un jour, si la plus céleste des filles doit échoir en partage au cœur le plus aimant : il n'y aura pas de mortel dont le bonheur pourra égaler le mien.—Mais si, par un destin contraire, l'espérance pour moi ne doit être qu'une illusion ; si je dois fuir de ces lieux n'emportant de toi que le nom et le souvenir ! oh ! alors je maudirai le ciel de m'avoir appris à te connaître, à t'aimer ! toi seule as le secret de ranimer mon cœur ; toi seule auras la puissance de m'enchaîner !

## SCENE. III.

OSCAR — St AMAN.

**St AMAN.**

Capitaine salut !

**OSCAR.**

Adieu M. de St. Aman.

**St. AMAN.**

Il paraît que ça va beaucoup mieux aujourd'hui : allons ; un ou deux jours encore et tout ira parfaitement bien.

**OSCAR.**

Et ce changement subit. je suis heureux de constater que je le dois aux soins dont j'ai été entouré chez vous.

**St. AMAN.**

Allons, Capitaine, ne parlons pas de cela, je vous en prie ; car vous me laisseriez supposer que vous regrettez d'avoir reçu ces soins de nous.

**OSCAR.**

Si j'ai un regret maintenant, c'est de voir arriver trop vite ma guérison. Je vois avec douleur approcher à grands pas le jour où je serai forcé de vous dire adieu et de m'éloigner.

**St AMAN.**

Ma demeure, Monsieur,. offre à l'œil l'aspect le plus misérable. Rien ici ne peut arrêter les pas du voyageur habitué à vivre au sein de l'opulence. Je craindrais donc que ce que vous venez de me dire vous fût dicté par une pure modestie.

**OSCAR.**

Cette demeure que vous me peignez si misérable, n'est pas moins celle où j'ai rencontré une plus franche hospitalité ; une attention toute paternelle et des secours que d'autres, peut-être, m'auraient refusés.

**St AMAN.**

Vous vous exagérez le peu que nous avons fait pour vous.....

**OSCAR.**

Il ne peut y avoir de l'exagération à faire l'éloge de tant de vertus : et s'il m'était permis de rester encore quelques jours ici, vous auriez vu s'il y a de l'exagération dans l'expression de mes sentiments.

**St. AMAN.**

Il ne tient qu'à vous d'y rester tant qu'il vous plaira.

**OSCAR.**

Vous m'accordez cette faveur !.... vous me rendez cent fois plus heureux que tout à l'heure !

**St.-AMAN.**

Vous me flattez !.... Car, en vérité, je ne vois rien dans ma conduite qui puisse exciter à un si haut point votre enthousiasme et votre admiration.

**OSCAR.**

Que faut il de plus que votre désintéressement pour les exciter !.... mais un autre motif plus puissant que tout ce a m'attache à ces lieux dont je m'éloignerai avec douleur.

**St AMAN.**

Un autre motif !.... vous m'étonnez !

**OSCAR.**

Oui, Monsieur ; un motif d'autant plus puissant que la cause qui e dicte peut amener de bien tristes effets.

**St. AMAN.**

C'est en vain que je cherche à vous comprendre.... que voulez vous dire ?

**OSCAR.**

Oh ! pourquoi rompre le silence ! ne vaut-il pas mieux se taire ; étouffer sans les laisser éclater, les souffrances de son cœur, plutôt que de vous irriter peut être, attirer votre haine par cette révélation.

**St AMAN.**

Parlez, Monsieur, parlez ; votre estime que j'ai acquise me donne le droit de penser que vous ne pouvez rien me dire qui puisse m'irriter contre vous.

OSCAR.

Oh ! merci a'ors pour el'e et pour moi ! votre confiance me rassure. Ecoutez moi :

Habitué à faire mon asi'e de l'océan et à vivre seul, isolé du monde, je m'étais dit que jamais je n'échangerai cette vie errant que je menais pour une autre plus positive et plus sérieuse ; mais moins pleine d'illusion et d'espérance ; et que jamais je ne me lierais au monde par de nouvelles chaînes. Cependant je devais avoir mon tour ; il était un temps où ma constance devait être fortement ébranlée et où je devais céder à l'influence d'une nouvelle attraction.

Il y a quelques jours une tempête me jeta sur ces bords. Emporté chez vous par cet accident qui n'est dû qu'au hasard, j'y reçus tous les soins auxquels je dois ma guérison. C'est alors que je pus apprécier les rares qualités, les sublimes vertus d'une jeune fi le qui m'entourait de toutes ses vei les et de toute sa sollicitude ; c'est a'ors aussi que je sentis naître en moi quelque chose de plus fort de plus passionné que l'amitié. Oh ! ne rougissez pas de cet aveu.. J'aime votre fille avec délire, avec frénésie ! Je l'aime avec cette puissance à laquelle la volonté la plus ferme. la plus inébranlable ne résiste pas !.. D'abord ! j'ai cherché à déraciner un penchant dont j'avais nié jusqu'ici l'existence ; mais la blessure était trop profonde ; l'étincelle que j'avais caressée croyant pouvoir 'a détruire d'un souffle était devenue flamme. Et maintenant, Monsieur, maintenant il ne m'est plus possible d'éviter des regards qui embrasent tout ce qui ose les soutenir.

St. AMAN.

Vous !.. aimer ma Blanche !

OSCAR.

Oui ! moi !.. moi qui ose plus encore et qui viens vous dire : au nom de mon amour, au nom de tout ce que vous avez souffert, accordez-moi sa main ..

St. AMAN.

Je ne sais si cet aveu est l'expression d'un amour sincère et véritab'e ; mais....,

OSCAR, (l'interrompant )

Oh ! pouvez vous en dou er ! Vous faut-il d'autre preuve que mon émotion !

St AMAN.

Mais a'ors vous ne songez pas !.. Jetez un coup d'œil autour de vous, Monsieur, interrogez la misère qui assiège le seuil de notre cabane. Ensuite, demandez vous si vous consentirez à être l'epoux d'une fi.le é'evée au sein de la plus grande infortune. Vous ! vous être riche ! Vous ! vous avez de beaux titres qui vous placent au dessus du vu'g ire. Mais e'le, son seul titre, sa seule g'oire ; son seul ornement ! c'est sa vertu, et c'est tout ce qu'elle pourrait vous off ir.

OSCAR.

Et c'est tout ce que je veux, ce titre là seul vaut mieux que tous les autres.

St AMAN.

Votre erreur vous aveugle et vous fait oublier qu'après vous être fait un nom aussi bri lant que 'e vôtre, vous ne pouvez descendre à prendre pour femme une fille élevée dans la plus grande obscurité, au milieu de ces montagnes.... Et puis la calomnie ne vous épargnera pas !.. .. Allez Monsieur ma fi.le n'a jamais ambitionné la g'oire d'appartenir à un homme de votre rang. Allez : et dans ces villes que vous visiterez, vous en trouverez une autre p'us digne de vous.

OSCAR.

Plus digne de moi !.... Est-ce possible oh ! le p'us grand honneur auquel j'aspire maintenant est de pouvoir asseoir à mes côtés celle sans qui l'existence n'est plus rien pour moi ! quant à la calomnie, je m'en ris ! je sais qu'elle n'exerce sa rage que sur les plus belles choses. Et puis, élevé loin du monde je n'ai jamais appris à sucer ses principes ni ses préjugés. Je ne reçois d'influence que de moi !

### St AMAN.

Voilà des sentiments qui ne peuvent que faire honneur à celui qui les manifeste; mais croyez-vous ?....

### OSCAR (l'interrompant.)

Pardon Monsieur, un mot encore et j'ai fini ; un seul mot sur ma vie pour que vous me connaissiez mieux.—Tout d'abord, je vous dirai que je n'ai jamais connu les baisers d'une mère ni les caresses d'un père ; j'eus le malheur de les perdre dès le berceau.—Rendu à cet âge où tout est illusoire, incertain, où rien n'est positif dans la vie, je résolus de voyager. Je vis alors que la m... était mon élément; ce que la terre m'avait refusé tant de fois, le calme et la gaité du cœur, je le trouvai au milieu de l'océan, dans le murmure des flots qui me berçaient mollement.

### St. AMAN.

La mer a aussi ses charmes et ses agréments, comme elle a ses convulsions et ses orages.

### ....OSCAR.

Je marchais d'un pas rapide et continu vers la gloire; rien ne m'arrêtait. Le danger ! c'était ma joie ! Je chantais plus fort dans la tourmente ! — Que de fois j'ai vu tourbillonner mon vaisseau sur les flots furieux qui menaçaient de l'engloutir ! Que de fois j'ai entendu mugir les vents dans mes antennes, menaçant de me jeter sur quelques écueils ! Seul, je luttais sans crain-

te contre ces deux éléments ! Je m'étais dit, la gloire est là !.... La gloire ! C'était le mal qui me tourmentait ! m'agitait me poussait vers la réalisation de grandes choses !.... Et puis j'avais un but : celui de prouver au monde que l'homme animé par de nobles désirs, n'a pas besoin des reflets d'une fausse renommée ni de l'éclat d'un nom de noblesse pour se frayer un chemin à la postérité !.... Eh ! que m'importe à moi ! d'être le fils d'un duc ou d'un savetier ! de toucher au trône par la naissance ou d'être sorti du dernier rang du vulgaire ! que m'importe de n'avoir pas un autre nom à ajouter à celui que je porte et que j'ai su couvrir d'éclats ! suis-je moins pour cela Oscar qu'on craint et qu'on redoute !

### St. AMAN.

Vraiment, Monsieur, plus vous parlez, plus je vous admire.

### OSCAR.

Mais si mon nom est prononcé avec vénération sur toutes les mers de l'océan ; si ma fortune que je vous offre à genoux balance celle d'un roi ; si ma gloire fait pâlir celle de mes rivaux ! Je n'en rends grâce à personne Nom ! fortune ! gloire ! tout cela, je ne le dois qu'à moi ! nul ne peut m'en contester le mérite. Je puis en disposer en faveur de qui bon me semble ! Malheur à qui blâmerait mon choix ! J'ai fait taire l'orgueil et la jalousie, je saurais faire taire la calomnie !

### St. AMAN.

Jeune homme ! vous avez un noble cœur ! Je suis heureux de voir chez vous de ces sentiments qui ennoblissent l'âme et la fortifient ! Eux seuls vous feront atteindre ce degré de gloire ! de splendeur et de supériorité qui rendraient même un roi jaloux !

Continuez toujours dans la même voie et les applaudissements ne vous manqueront pas !.. quant à la demande que vous me faites, je ne puis y répondre positivement. Il faut que j'en fasse part à ma fille. — Je ne voudrais jamais forcer ses inclinations ; si ses vues répondent aux vôtres, loin de m'opposer à votre union, je la verrai se former avec d'autant plus de plaisir, qu'elle assurera à Blanche un avenir meilleur et des jours plus prospères.

OSCAR.

Elle arrive à propos ; parlez lui, Monsieur, en vous je mets mon bonheur.

St-AMAN, (seul.)

Quoi ! lui ! jeter les yeux sur ma Blanche !.... oh ! mon enfant ! je pourrais donc mourir tranquille, puisque j'aurais assuré ton avenir ! Chaque jour qui penchait mon front vers la tombe, me faisait songer avec douleur à la misère à laquelle ma mort t'aurait livrée sans retour. Je ne pouvais sans verser des larmes, envisager le sort qui t'attendait, lorsque Dieu m'aurait appelé à lui, mais maintenant il ne tient qu'à toi d'être heureuse. Un seul mot : et tu verras s'ouvrir pour toi les portes d'un brillant avenir, d'une vie de félicité.

*SCÈNE IV.*

St-AMAN — BLANCHE.

BLANCHE

Mon père ! voici une lettre qu'un étranger vient de me remettre ; il s'est éloigné et n'a pas voulu attendre ta réponse.

St-AMAN.

Donne.... qui peut m'écrire ici ?.... Roger de St-Hilaire ! l'assassin de mon fils ! voyons : (*Il lit*) " Ton fils existe ; il " est noble et grand ; chaque jour il se si- " gnale par de brillantes actions. Cesse de " le pleurer ; un jour tu le verras. " Cet homme mon Dieu ! ne cessera donc pas de me tourmenter, de me poursuivre de son ironie ! ne cessera-t-il pas de se jouer de ma douleur ! mon fils existe et personne ne me parle de lui.... Mensonge infâme ! Il y a vingt ans de ça, il me berça du même espoir, me tint le même langage, m'écrivit dans les mêmes termes

BLANCHE.

Qui sait si mon frère n'existe pas en effet,

St-AMAN.

O mon enfant ! cesse de croire aux paroles de ce traître. Ne vois tu pas qu'il se fait un jeu de nos souffrances ! Oh ! si je pouvais le connaître ! son rang ne me paierait pas assez tout ce qu'il m'a fait souffrir. Mais quittons un sujet qui me rappelle de trop douloureux souvenirs, et ne songeons qu'à toi, mon enfant, à toi qui es le centre commun de toutes mes affections, de toutes mes pensées ! travaillons à ton bonheur.

BLANCHE.

Je ne serai jamais plus heureuse que je le suis à présent. — Est-il un bonheur plus parfait que celui d'être aimée d'un père qu'on ne saurait trop aimer à son tour ; de recevoir matin et soir sa bénédiction et ses caresses ; d'être toujours à ses côtés, riant quand il rit, pleurant et essuyant ses larmes quand quelques souvenirs viennent rappeler à son cœur quelques scènes terribles du passé. — Oh!! Je n'échangerai pas ce bonheur là pour tout autre au monde.

St-AMAN.

Tu m'aimes donc bien, ma fille !

BLANCHE.

Si je t'aime ! peux tu me le demander.

St.-AMAN.

S'il t'arrivait pourtant un jour d'être forcée de dire adieu à ton père et de t'éloigner.

BLANCHE.

Oh ! ne me le dis pas ; cela n'arrivera jamais.

St.-AMAN.

Cela peut arriver ma fille. Tu peux changer de situation. Un homme, riche par exemple, qui pourrait te donner un nom illustre, t'élever avec lui au faîte des grandeurs ; te tirer de la misère où j'ai la douleur de te voir, peut un jour venir me demander ta main.

BLANCHE.

Je ne l'accepterais pas ; je n'échangerais jamais la cabane de mon père pour le plus beau chateau du monde.

St. AMAN.

Tu ne voudrais donc pas m'épargner la douleur de mourir malheureux ! Tu ne voudrais pas qu'en fermant la paupière, je bénisse le ciel de n'avoir point laissé ma fille dans le malheur.

BLANCHE.

Pourquoi parler de ces choses là, mon père ; ce sont des suppositions que tout cela.

St.-AMAN.

Ce sont des suppositions, en effet, mais qu'il ne tient qu'à toi de réaliser.

BLANCHE.

A moi !.....

St.-AMAN.

Je ne veux pas te laisser ignorer plus long-temps ce qui se passe.—Apprends que le Capitaine Oscar vient de te demander en mariage.

BLANCHE.

Vous m'étonnez !

St.-AMAN.

Ainsi, tu vois, mon enfant, ton bonheur est là ! il ne tient qu'à toi de t'en emparer.

BLANCHE.

Quelque soit le bonheur qui m'attend sous le toit de l'époux que vous me proposez, je ne puis me résoudre à me séparer de vous. Permettez-moi donc, de rejeter la demande de M. Oscar.

St. AMAN.

Je suis reconnaissant des marques de tendresse que tu me donnes à chaque instant ; mais l'amour filial t'aveugle et te fait sacrifier ton bonheur à ce je ne sais quoi que je ne m'explique pas à moi-même. Jette un coup d'œil autour de toi ma fille; interroge l'avenir qui t'attend si tu persistes dans ta résolution. Que seras tu, si je viens à fermer les yeux demain ! Seule, en proie à tout ce que la vie a de dur et d'affreux, tu n'auras pas une main amie pour diriger tes pas, pour te faire éviter les pièges que la séduction et la médisance tendront sans cesse à ta raison et à ta faiblesse. Tu n'auras même pas l'expérience ; car l'expérience ne s'acquiert qu'au prix de bien grandes épreuves. J'étais jeune comme toi, Blanche ; j'avais ton inexpérience et ton ignorance ; et si je n'avais une main de fer pour me guider dans la carrière de la vie, j'aurais peut-être aujourd'hui plus d'une faute à expier ! Je me serais chargé la conscience de plus d'un remords ! mais vieilli par l'âge et la raison, j'ai acquis cette expérience qui manque à ta jeunesse ; et les conseils que je te donne maintenant ne sont suggérés que par elle.

BLANCHE.

Vos raisons sont excellentes, mais elles ne sauraient m'ébranler.

St.-AMAN.

Blanche ! cette obstination m'inquiète et me fait mal.

6

BLANCHE.

Pourquoi persister à votre tour à vouloir me donner un époux qui, aussitôt notre hymen me dira : Blanche, il faut partir ; le navire nous attend. Alors il faudra renoncer à tout ; il faudra suivre la voix qui m'appelle et fuir de ces montagnes où ma jeunesse croissait sous l'aile de votre protection. Oh ! dites, dites moi mon père, puis-je me résoudre à tout cela, puis-je me résoudre à courir après l'ombre d'un bonheur que je ne trouve qu'ici !.... Tandisque si je restais près de toi pour t'aimer et te chérir je serais vraiment heureuse.... Et un autre peut être, moins riche que le Capitaine Oscar, mais aussi dévoué, aussi généreux, peut un jour te demander ta fille !

St. AMAN.

Un autre, dis-tu ! quel autre, mon Dieu ! songera à toi ! quel autre daignera jeter les yeux sur la fille de St. Aman. Combien dis moi, avant Oscar, ont dirigé leurs pas vers notre cabane ! Ils ne savent pas si sous cette chaumière, vit une fille qui mérite d'attirer leurs regards.

BLANCHE.

Il s'en présentera un tôt ou tard, j'en suis sûre.

St.-AMAN.

Vous avez donc un amour caché, Blanche ! Ce que vous venez de me dire me fait une loi de le supposer.

BLANCHE.

Mon Dieu ! je me serais trahie !

St.-AMAN.

Ne me cachez pas plus long-temps le secret de votre cœur ! dites-moi tout ! je veux tout savoir !

BLANCHE.

Eh bien ! vous saurez tout. Mon amour n'a rien de coupable ; et si j'ai quelque chose à me reprocher, c'est d'avoir différé jusqu'à ce jour, l'aveu que je vais vous faire. Oui ! j'aime, mon père !.... Oh ! que cette révélation n'excite pas votre colère ! Votre fille n'a point à rougir d'une mauvaise action. J'aime, mais je me suis toujours conservée pure et sans tache ! toujours digne de vous !

St. AMAN.

Et le nom de ton amant !

BLANCHE.

Oh ! pardon ! pardon mon père !

St. AMAN.

Son nom ! te dis-je !

BLANCHE, (hésitant.)

Ethelbert !

St. AMAN.

Ethelbert !.... Je m'en doutais bien.

BLANCHE.

Oh ! grâce pour lui ! ne lui interdisez pas l'entrée de votre maison ! il est aussi innocent que moi !

St. AMAN.

Ainsi, tu le préfères à Oscar !

BLANCHE.

Le ton avec lequel vous me parlez, me fait mal ! vous paraissez bien me haïr depuis un instant.

St.-AMAN.

Je ne te hais point, mais je te plains ! malheureuse enfant ! cet amour te perd ! que peux-tu attendre d'Ethelbert : Le malheur et l'infortune ! rien de plus ! malheureux tous deux, que deviendrez-vous si vous vous unissez.—Ma fille, réfléchis sur ce que tu dois faire. Tu as à choisir entre la fortune et la misère ! Oh ! entends-tu : la fortune et la misère !.... Il y a un abime entre ces deux mots ! que ton amour ne te pousse point à t'y précipiter !.... Mais voici Ethelbert qui s'avance ; il faut que tout se décide à l'instant même.

## SCENE V.

_Les précédents,_ —ETHELBERT,
_puis._—OSCAR.

ST..AMAN.

Vous arrivez à propos.

ETHELBERT.

De quoi s'agit-il ?

ST.- AMAN.

Du bonheur de ma fille.

ETHELBERT.

Personne n'y a songé plus que moi.

ST.-AMAN.

Vous savez qu'elle a été demandée en mariage par le Capitaine Oscar.

ETHELBERT.

Lui !.... ma heur !....

ST..AMAN,

Comme vous occupez dans mon cœur la place d'un fils, je n'ai voulu rien arrêter sans vous consulter.

ETHELBERT.

Qu'ai-je à répondre, Monsieur, si ce n'est que vous ne devez prendre de conseil que de vous-même.

ST.-AMAN.

Mais encore, serai-je satisfait d'obtenir votre approbation.

ETHELBERT, (_se surmontant._)

Eh bien ! si j'avais à prononcer ici, sacrifiant tout au bonheur de votre fille, je vous dirais.... acceptez !

ST.-AMAN.

Eh bien ! Blanche, qu'avez-vous à dire

BLANCHE, (_d'une colère concentrée, se tournant vers Oscar qui entre_)

Je dis que Monsieur vous a demandé ma main et que je la lui donne.

OSCAR.

Est-ce bien vrai !....vous m'acceptez !.... Je suis le plus heureux des hommes !

ETHELBERT

Et moi le plus malheureux !

**FIN DU DEUXIEME ACTE.**

# Acte Troisieme.

*Même décoration qu'au deuxième acte.*



BLANCHE.—ETHELBERT.
ETHELBERT.

Oui ; accable-moi de tes reproches les plus sanglants ; dis-moi tout ce que l'indignation te suggère d'amer et de déchirant ; donne moi tous les noms réservés à l'imposture et à l'infidélité ; je puis tout entendre, je puis tout supporter. Mais je ne pouvais pas agir autrement. Blanche, j'ai parlé au nom de notre amour même que j'ai sacrifié à ton avenir. J'aime mieux te voir loin de moi, jouir d'un bonheur que je ne puis pas t'offrir, plutôt que de te voir traîner près de moi, dans le malheur et l'infortune, une vie qu'un autre t'offre si riche et si belle.

BLANCHE.

Mon bonheur, dites-vous !.... Mon bonheur !.... L'avez-vous bien compris ce bonheur que, dans votre ardeur à vous défendre, à vous chercher une excuse qui serve de voile à ce que vous appelez un sacrifice, vous me peignez sous de si brillantes apparences ! Oh ! dites , dites plutôt que votre indifférence, lasse de la contrainte que lui avait imposée votre semblant d'amour, a cherché dans la démarche du Capitaine Oscar un prétexte, un puissant motif pour s'en dégager. Vous avez pensé que dans mon innocence, j'aurais cru à la sincérité de vos paroles, comme j'ai cru à la sincérité de votre amour ! Mais j'ai su découvrir votre perfidie à travers le masque de votre visage !.... (*Pendant ces dernières paroles, Oscar paraît au fond du théâtre.*)

OSCAR, (*à part.*)

Que se disent-ils !

ETHELBERT.

J'ai pu entendre tes reproches ; j'ai pu

supporter ta colère. Mais ce que je ne puis supporter ; ce qui me dévore et me tue ! c'est ton doute ! .... Quoi donc ! ces pleurs qui inondent mon visage, ces sanglots qui étouffent ma voix, ne te disent-ils pas assez ce qui se passe en moi ! Ne sont-ce pas des preuves de la torture morale que j'éprouve et sous le poids de laquelle je sens que je succomberai.—Oh ! je vois que tu ne m'as jamais compris ; ton amour trop prompt à s'indigner m'accuse injustement d'avoir brisé des liens que j'aurais voulu resserrer.... Oh ! s'il m'était permis de t'offrir plus que mon amour. S'il m'était donné de pouvoir, en t'unissant á moi, te faire goûter quelques heures d'un bonheur ineffable ; tu verrais si mon amour était feint ; si, malgré la promesse qui te lie à lui, je ne serais pas assez puissant, assez fort, pour t'arracher de tes bras !

### BLANCHE.

Mensonge odieux ! Infâme perfidie qui ne se dément pas alors même que le masque est tombé ! .... Ces pleurs et ces sanglots sont des preuves de votre souffrance morale, dites-vous ! Oh ! ne croyez pas m'abuser encore. Ces pleurs et ces sanglots sont des témoins faux et menteurs auxquels je ne crois pas plus qu'à vous. Ils sont feints et hypocritescomme vos paroles, comme vos actions, comme tout ce qui est vous !

### ETHELBERT.

Que vous êtes cruelle, oh ! mon Dieu !

### BLANCHE.

Et pourtant est-ce là la récompense que je devais attendre de votre amour ; est-ce ainsi que je devais être payée de mon dévouement et de ma foi ! Est-ce là cette fidélité sans bornes que votre bouche m'a jurée ! .... Insensée que je suis ! qui ne savais pas combien la parole d'un homme est fausse et menteuse ; qui ignorais que la perfidie est la première enveloppe de son cœur.....

### ETHELBERT.

Grâce ! je t'en supplie ! Epargne moi, je te le demande á genoux ! ne m'accable pas de ces reproches qui mettent mon âme à la torture ! Blanche, il m'a plus coûté que tu ne le penses d'être obligé de venir à cette extrémité !...Tout ce que j'étalais à tes yeux n'était qu'un semblant d'amour, m'as-tu dit. Je vois que tu n'as jamais su lire dans mon cœur. Je t'aime, Blanche ! Je t'aime au-delà de toute expression ! Mais c'est parce que je t'aime ainsi que je veux ton bonheur !

### BLANCHE.

Toujours le même langage ! les mêmes protestations d'amour ! la même hypocrisie ! Oh ! vous avez bien étudié votre rôle ! Il semble que vous ayez passé les plus beaux jours de votre vie à étudier l'art de feindre et de mentir ! de mentir même à votre conscience !

### ETHELBERT.

Vois les deux existences entre lesquelles tu avais à choisir : L'une est parfumée, pleine d'avenir et d'extase ; te faisant envie de toutes les autres. L'autre au contraire, celle que je t'aurais offerte n'a rien que de triste et de misérable ! oh ! appelé presque à guider ton choix, pouvais-je balancer un seul instant. Je n'ai vu que ton bonheur, et je n'ai point songé à moi ! Il fallait de grands sacrifices pour te faire accepter tant d'avantages. Je les ai faits sans hésiter ! Je me suis dit : A elle, les plaisirs, les grandeurs, les douces sensations d'une vie de princesse ; au capitaine Oscar, l'honneur et la gloire de te posséder ; à moi, fils du malheur et de l'infortune, à moi le lot le plus amer : la misère et les douleurs ! Trop heureux si dans cette part que je me suis faite

à moi-même, j'ai assez de force pour te suivre dans ta nouvelle carrière ; t'y voir jouir
de tous les avantages que te donnera ta
nouvelle situation ! Je n'aurai qu'un regret :
celui de n'avoir pas pu te les offrir moi-
même !

### BLANCHE.

Tant de raisons vous ont décidé à tout
renier, à renoncer à tout ; et pas une ne
vous a rappelé l'inviolabilité de vos pro-
messes et de vos serments ! Répondez-moi,
est-ce là bien comprendre ses devoirs.

### ETHELBERT.

Le devoir m'ordonne de te fuir, j'y obéis
sans murmurer.—Ah ! au lieu de me maudire, de répandre sur moi les feux de ta
colère, plains-moi plutôt. Qu'au moins
dans mon malheur, j'emporte ta pitié à dé-
faut de ton amour, de cet amour qui eût
suffi pour me compter une éternité de
bonheur !

### BLANCHE.

Que faire, ô mon Dieu !

### ETHELBERT.

Oh ! vois combien je souffre. Je suis à
tes genoux : suppliant, anéanti ! Ecrase-
moi de ton orgueilleux mépris ; foule-moi
sous tes pieds.... mais pardon et pitié !
pardon pour mon dévouement ! pitié, pitié
pour ma douleur !....

### (BLANCHE, émue.)

Son désespoir m'émeut !.... Relève-toi
mon ami.... Je sens que je t'aime encore !
Et s'il te faut mon pardon pour que l'existence te soit moins amère, je te le donne !

### ETHELBERT.

Merci ! merci ange de bonté ! fille de
toutes les vertus ! Cette fois au moins tu
m'as compris.

### BLANCHE.

Puisqu'il ne nous a pas été donné de vivre
l'un pour l'autre, puisses-tu trouver la paix
et le bonheur loin de moi. (*Elle sort,*)

## SCÈNE II.

### ETHELBERT (*seul.*)

Elle me fuir !... Moi me séparer d'elle !...
Oh !...Mon Dieu ! mon Dieu ! Il ne man-
quait que ce dernier malheur pour accabler ma vie ! Hôte étranger aux lois de la
nature, tout pour moi n'était que dans un
sourire ! dans une voix !... sourire céleste !
Voix d'archange !.... Je ne vivais que par
le souvenir d'un ange ! Et cet ange, vous me
défendez de le voir, de le presser contre mon
cœur ! La vie n'est-elle donc qu'une dérision ! Une ironie ! créée par un pur ca-
price du hasard, pour qu'on ne puisse
s'y appuyer sur rien de positif !.... Hier, à
travers les agitations fiévreuses qui m'agit-
taient quelque chose me restait ; dans ces te-
nèbres de mon âme, luisaient encore quelques
rayons d'espoir ! aujourd'hui tout m'échappe.
Hier, j'avais le droit de croire et d'espérer,
aujourd'hui ces deux flambeaux de la vie
s'éteignent en moi ! hier, un lien me retenait au monde, aujourd'hui, il se brise !
Et alors adieu la vie !.... Adieu rêves et
illusions !.... (*Il va pour sortir. Oscar pa-
rait*) Oscar ! nous aurait-il entendu !....

## SCÈNE III.

### ETHELBERT,—OSCAR.

### OSCAR.

Ah ! je suis heureux de vous rencontrer
ici. J'ai à vous parler.

### ETHELBERT.

Je suis à vos ordres

### OSCAR.

Que vais-je lui dire...Mais non ! Ache-
vons notre première tâche jusqu'au bout.

### ETHELBERT.

Parlez, Monsieur, je vous écoute.

OSCAR.

Vous savez que c'est aujourd'hui que je me marie ?

ETHELBERT.

Je le sais.

OSCAR.

Je voulais vous en faire part moi-même...

Mais qu'avez vous donc ?—On dirait que vous avez pleuré !..

ETHELBERT (*embarrassé*.)

Moi.... c'est que....

OSCAR.

Allons ; je vois que vous ne serez pas franc avec moi ; mais rassurez vous ; je ne chercherai pas à approfondir la cause de vos larmes ; je la respecte sans la connaître.

ETHELBERT.

Qui, à ma place Monsieur, ne sentirait pas ses yeux se gonfler de larmes, lorsque d'affreuses pensées viennent sans cesse assaillir son cœur ; lorsque chaque heure de sa vie est une heure de tourments et de déceptions ! quand tout autour de lui retrace à sa mémoire, rappelle à son souvenir de tristes scènes, d'affreuses tortures !.. Heureux Monsieur, cent fois heureux ceux qui, comme vous voient tout leur sourire ; pour qui se lève sans jamais s'éclipser l'astre des beaux jours ! Pour qui aussi le mot tourment semble être une chimère, un vain mot ! ceux-là sont les élus de la terre !.... mais moi, souffrir voilà mon existence !....

OSCAR.

Vous êtes donc bien malheureux....Et cependant, il ne tient qu'à vous de vous faire une situation meilleure.

ETHELBERT.

A moi !....

OSCAR.

Sans doute.

ETHELBERT.

Oh ! comment me créer cette situation ! moi qui suis sans appui, sans espérance.

OSCAR.

Erreur !.... N'en avez vous pas au contraire de bien grandes qu'il ne tient qu'à vous de réaliser ? Si j'en crois certaines gens, votre père....

ETHELBERT.

Mon père, en mourant, m'a laissé des biens qu'il a confiés à un tuteur et dont celui-ci devait me rendre compte à ma majorité. Il y a quelques mois je lui réclamai cet héritage. Mais hélas ! ce que j'avais prévu arriva ; soit qu'il l'ait dissipé, soit qu'il veuille me le soustraire, ce qui est plus positif ; il m'a refusé de me le rendre. Je me vis dans la nécessité de le traîner devant les Tribunaux. Mais que pouvais je faire contre lui qui, au moyen de quelques pièces d'or pouvait faire pencher la balance de son côté. A peine fus-je écouté dans la réclamation de mes droits. Et maintenant je compte ce procès comme perdu.

OSCAR.

Mais vous n'avez donc personne ! Pas même un protecteur pour s'intéresser à votre cause ?

ETHELBERT.

Des protecteurs, mon Dieu ! N'en parlez pas.... Les protecteurs sont comme les autres choses : on ne les obtient qu'au moyen de l'or !

OSCAR.

Il y a quelqu'exception cependant.... qui dit que pendant que vous vous affligez ainsi, il ne s'en est pas présenté un.

ETHELBERT.

Qui, voulez-vous s'intéresse à moi ! A moi qui n'aurais que ma reconnaissance à offrir. Vous êtes étranger, Monsieur ; vous ignorez nos mœurs et nos coutumes. Ici, voyez-vous tout ne se meut que par l'argent ! La Justice est une machine que l'argent seul a la puissance de faire agir ; les protecteurs n'élèvent leur voix qu'en faveur de ceux qui peuvent les récompenser largement ! L'argent ici est un pur aimant à l'influence duquel tout cède.

#### OSCAR.

Il en est de même partout mon ami : ici comme au centre des plus grandes capitales du globe. Honneur, vertu, pudeur; tout est sacrifié à l'argent. Il en est même qui vendent leurs noms pour un peu d'or ! Mais dans ce siècle corrompu, il en est qui, dégagés de ces affreux principes d'intérêts, savent apprécier les nobles sentiments et ne trouvent de véritable gloire pour eux que dans la protection qu'ils accordent à ceux qui sont injustement abandonnés. C'est ce qui me fait dire que, tandisque vous vous alarmez sur l'injustice des hommes, un autre se serait peut-être occupé de votre cause et l'aurait fait triompher.

#### ETHELBERT.

C'est un espoir auquel je ne puis plus croire.

#### OSCAR.

Pourquoi y renonceriez-vous ?

#### ETHELBERT.

Parce que c'est impossible ce que vous me dites là.

#### OSCAR.

Impossible....vous ne tiendrez pas le même langage après la lecture de cette lettre.

#### ETHELBERT, (prenant la lettre que lui présente Oscar.)

Une lettre de mon avocat !.... Lisons : " Votre procès est enfin terminé : la balance a penché de votre côté." J'ai gagné mon procès !

#### OSCAR.

Continuez.

#### ETHELBERT, (poursuivant.)

" Mais ce n'est pas sans peine que nous " avons vaincu tous les obstacles que nous " avions à combattre ; et nous aurions " succombé sans doute, s'il ne s'était pré- " senté pour vous un protecteur, un de ces " hommes tombés du ciel qui a fait tourner " toutes les chances de votre côté.—Je " me hâte de vous apprendre son nom : C'est " le Capitaine Oscar." C'est donc à vous, Monsieur, que je dois ce changement de fortune !

#### OSCAR.

C'est là la moindre des choses que je puis faire pour vous.

#### ETHELBERT.

Oh ! je savais bien qu'il n'y avait que vous capable d'une aussi belle action....; mais comment avez-vous su ?....

#### OSCAR.

Que vous aviez un procès devant les tribunaux ?.... Je vais vous le dire :—Je dînai chez M. d'Alincourt à qui l'on me fit l'honneur de me présenter, il y a quelques jours ; lorsqu'on vint à parler de votre procès.—Je pressai alors M. d'Alincourt de questions sur les incidents de cette affaire, et j'appris que, seul, abandonné, sans appuis, vous étiez sur le point de la perdre ; et avec elle s'engloutissaient vos espérances et votre avenir. Je me rends près de vos juges et je fais si bien, aidé de votre avocat, qu'ils condamnent votre tuteur à vous rendre l'héritage de votre père.

#### ETHELBERT.

Je ne puis cesser d'admirer votre grandeur d'âme.—Mais je me suis fait une telle habitude de me passer de tous ces biens que je ne dois qu'à vous, que je puis m'en passer encore.

#### OSCAR.

Qu'avez-vous donc l'intention d'en faire ?

#### ETHELBERT.

Permettez-moi, Monsieur, de porter cette

somme à la dot de Mademoiselle Blanche ; qu'elle puisse au moins vous donner un peu plus que sa vertu !

OSCAR.

Monsieur ! cette conduite m'étonne !

ETHELBERT.

C'est le dévouement d'un ami qui, charmé de la situation d'une personne qui lui a toujours été chère, veut aussi poser une pierre à l'édifice de bonheur que vous lui préparez.

OSCAR.

C'est marquer un peu trop d'intérêt pour une personne qui vous est étrangère, convenez-en vous même.... Au reste, vous aurez plutôt besoin qu'elle de ces liens que vous voulez lui offrir.

ETHELBERT.

Pardon alors, Monsieur, et recevez mes sincères remerciments pour cet acte de générosité que vous venez d'accomplir en ma faveur. (*Il sort.*)

OSCAR, (*seul.*)

Ils s'aiment et je ne le savais pas ! Ils s'aiment tandisque moi, crédule et confiant, je me flattais de la possession de son cœur ! C'était un rêve, un rêve des cieux !.... Je me réveille et tout s'éfface !.... Pauvre insensé ! qui t'étais pris au bonheur comme un aveugle à la lumière ! Pauvre fou ! qui avais pris un sourire pour de l'amour ! une aube pour le jour ! une fiction, une ombre pour la réalité ! Pauvre sot qui sus braver les tempêtes et les orages et qu'une déception brise et anéantit !.... Mais aussi, pourquoi Dieu me donna-t-il une âme trop forte pour le danger, trop faible pour résister aux étreintes de l'amour ! (*une pause.*) et j'étais là ! J'entendais leurs paroes qui tombaient dans mon cœur comme du plomb fondu ! Et je n'ai pas pu dans ma fureur jalouse les étouffer dans mes bras ! oh ! malheur, malheur à moi ! qui, pouvant les écraser d'un geste, n'ai pas pu me venger ! Mais que dis-je !.... me venger ! le puis-je, moi ! Ai-je le droit de me plaindre.... Arrivé hier dans ces montagnes, ai-je le droit de reprocher à Blanche de me refuser son amour pour le donner tout entier à un autre ! Et puis, me venger..... contre qui ? contre celui à qui je dois la vie ! malédiction ! mais alors que faire ô mon Dieu !.... Rester, c'est impossible !.....Fuir.....ah ! oui ; c'est cela ! fuir...Voilà bien le monde. Bercez-vous d'illusion et d'espoir ; cramponnez-vous à une pensée d'amour qui semblait vous sourire et vous ouvrir les portes du ciel ! Carressez une chimère qui vous promettait un monde de bonheur et de félicité ! Lorsque survient une déception contre laquelle viennent se briser rêves et illusions, ce monde orgueilleux et vain, pour combler le vide de votre âme. ne peut vous offrir que le désespoir qui tue ! le doute qui démoralise.... oh ! fuyons.... fuyons !...

*SCENE V.*

OSCAR,—ROGER DE St.-HILAIRE.

ROGER.

Oui... c'est bien ici, je ne me trompe pas... (*Apercevant Oscar.*) Ah ! monsieur, pardonnez la liberté que je prends de pénétrer jusqu'ici.... Je croyais heurter à la demeure de St.-Aman, mais il paraît que je me serais trompé.

ORCAR.

Non, monsieur, vous êtes chez monsieur de St.-Aman.

ROGER.

Alors, tant mieux, car je tombe de lassitude et de fatigue ; Je commence d'abord par m'asseoir.

OSCAR,

Il paraît qu'il ne se gêne pas beaucoup ici, ce Monsieur.

ROGER.

Mais où est-il donc allé ce diable de St.-Aman ? Il est bien ingambe pour son âge.

OSCAR.

Je n'en sais rien.

ROGER.

Moi qui avais à causer avec lui .... Au fait, vous pouvez peut-être me dire ça, vous ?

OSCAR.

Que voulez-vous savoir ?

ROGER.

C'est ici que s'est brisé, il y a quelque temps, le beau trois-mâts français le *Voltigeur*, n'est-ce pas ?

OSCAR.

Oui, Monsieur, sur cette pointe que vous découvrez de cette fenêtre.

ROGER.

Que sont devenus l'équipage et le capitaine ?

OSCAR.

L'équipage, en ce moment, est à puiser dans le vin et la débauche, l'oubli des revers qu'il a essuyés sur cette plage. Quant au capitaine, le naufrage qui lui a valu la perte de son navire n'a rien changé de sa résolution et de son amour pour les voyages. Il n'attend qu'une occasion favorable pour reprendre la mer.

ROGER.

Diable ! quel intrépide que ça fait.—Je voudrais bien le voir cet homme.

OSCAR.

Vous jouissez déjà de cet avantage, puisqu'il est devant vous.

ROGER.

—Vous seriez le capitaine du *Voltigeur* ?

OSCAR.

Pour vous servir au besoin.

ROGER.

En effet, ça doit-être lui : des yeux bleus, cheveux châtains; taille moyenne. Commençons notre examen (*à Oscar*) Monsieur, pardon d'une petite indiscrétion ?

OSCAR.

Que voulez-vous me dire ?

ROGER.

Quel est votre nom, s'il vous plait ?

OSCAR.

Je m'appelle Oscar.

ROGER.

Oscar !.. C'est bien cela...Oscar ! C'est son nom.... Continuons.

OSCAR.

Pourquoi veut-il connaître mon nom ?

ROGER.

Votre figure n'annonce pas plus de vingt cinq ans ?

OSCAR.

C'est aussi là mon âge.

ROGER,

De quel pays êtes-vous ?

OSCAR.

Ma franchise et mon uniforme vous le disent assez.

ROGER.

C'est bien, jeune homme, c'est bien...Il paraît que la trempe de vos sentiments vaut bien celle de votre épée.

OSCAR.

Je l'ai prouvé dans maintes circonstances et je suis prêt à le prouver encore à qui voudrait en douter.

ROGER.

Mais votre famille se façonne-t-elle au moins à ce genre d'existence que vous menez ?

OSCAR, (*ironiquement.*)

Ma famille !... Ah ! oui !... Il y a bien long temps qu'elle s'y est habituée...

ROGER.

Où est-elle ?...

OSCAR.

Partout où je suis.

ROGER.

Comment cela ?... Je ne vous comprends pas ?

OSCAR.

Cela vous paraît une énigme n'est ce pas ? C'est que ma famille est peu nombreuse ; elle ne se compose que d'un seul être : Moi !

ROGER.

Vous êtes orphelin !

OSCAR.

Je suis seul au monde.

ROGER.

Y a t il long-temps que vous avez perdu vos parents ?

OSCAR.

Je n'ai jamais su ce que c'est qu'un père ni une mère. Je fus privé de leurs caresses dès le berceau.

ROGER.

Qui prit soin de vos jeunes années ?

OSCAR.

Un homme dont toute la vie ne se passe qu'à faire de nobles actions ; à voler au secours de ceux qui souffrent; dont la probité est devenu proverbiale dans toute la France.

ROGER.

Il s'appelle ?

OSCAR.

Ferdinand de La Roche.

ROGER.

Ferdinand de La Roche !.... C'est bien lui : maintenant je n'en puis plus douter.

OSCAR.

Auriez-vous entendu parler de lui ?

ROGER.

Beaucoup.

OSCAR.

Vous ne m'étonnez pas, C'est un homme dont la Rénommée a proclamé les rares qualités au delà des territoires de la France.

ROGER.

Ne vous a-t-il jamais parlé d'un Roger de St. Hilaire.

OSCAR.

Vous me pardonnerez il m'en parlait souvent au contraire. Mais.... il paraît que vous le connaissez ?

ROGER.

Non, mais j'ai souvent entendu parler de l'amitié qu'unissait ces deux hommes.... que vous disait-il de ce Roger.

OSCAR.

Il m'en disait tant de bien que j'ai toujours brûlé du désir de connaître cet homme. Et puis suivant M. de La Roche je dois beaucoup à ce Roger. C'est lui, me repétait-il souvent, qui prit soin de ma plus tendre jeunesse. Aussi je ne sais quelle voix me parle en faveur de cet homme. Dans mes courses j'ai toujours cherché à saisir quelques traces qui pussent m'amener à sa découverte, mes recherches ont été vaines jusqu'ici.

ROGER.

Vous n'avez peut-être pas bien cherché ; vous l'auriez sans doute rencontré.

OSCAR.

Il n'est pas un endroit que j'ai visité où je ne me sois informé de lui. Personne n'a pu m'en dire un mot ni me donner l'espoir de le revoir jamais.

ROGER.

Vous ne vous êtes pas bien adressé ; je connais quelqu'un qui pourra vous dire où il est.

OSCAR.

Dites-moi je vous prie son nom ; que j'aille le voir ; qu'il me procure l'avantage de connaitre mon premier bienfaiteur.

ROGER.

C'est moi.

OSCAR.

...ous ! Oh ! conduisez-moi auprès de M. ...ger de St Hilaire ; que je le voie ... Où ...il, Monsieur ?

ROGER.

Devant vous.

OSCAR.

Vous seriez ?..

ROGER.

Roger de St-Hilaire lui même.

OSCAR, (*lui pressant la main*)

Que je bénis la Providence ou pluôt le hasard, car c'est au hasard que je dois ce bonheur, d'avoir placé sur mon passage ce lui que j'ai demandé en vain jusqu'ici a tous les pays.

ROGER.

Moi aussi je bénis le ciel de cette heureuse rencontre : elle me fera faire bien des heureux en ce jour.

OSCAR.

Au moins ce bonheur là, rien ne pourra me l'ôter.

ROGER.

Calmez vos transports, Oscar ; votre bonheur n'est pas encore complet.

OSCAR.

Que voulez vous dire ?

ROGER.

Je veux vous dire que le hasard auquel nous sommes redevables l'un et l'autre de notre rencontre, peut pousser plus loin ses miracles.

OSCAR.

C'est en vain que je cherche à vous comprendre.

ROGER.

Vous me comprendrez plus tard...La ...ovidence qui vient de vous faire reconnaitre en moi votre bienfaiteur, comme ...amitié m'appelle, ne peut elle pas tout si bien jeter sur votre passage un autre

qui vous soit plus cher que moi : un père, par exemple.

OSCAR.

Mon père est mort, Monsieur.

ROGER.

Votre père n'est point mort comme vous le supposez.

OSCAR.

Oh ! ne me bercez pas, je vous prie, d'un fol espoir ; il n'est que trop vrai que mon père est mort.

ROGER.

Qui vous l'a dit ?

OSCAR.

M. Ferdinand de Laroche.

ROGER.

Il a dû vous le dire, en efffet. L'existence de votre père devait-être pour vous un mystère que je voulais, moi seul, éclaircir. Lorsque poursuivi par la nécessité, je me vis forcé d'abandonner la France, je vous recommandai à lui, et lui fis promettre qu'il se taira sur le secret de votre naissance et qu'il vous laissera ignorer jusqu'au nom de l'auteur de vos jours. Il a tenu fidèlement sa promesse. Mais aujourd'hui, Oscar, ce serait trop d'infamie si je vous laissais vivre dans la même erreur !

OSCAR.

Est ce bien vrai !......Oh ! alors dites, dites moi le nom de mon père, Monsieur ; je vous le demande à genoux !

ROGER.

Vous le saurez.....Mais auparavant, répondez-moi : connaissez vous la famille à la quelle vous allez vous unir ?

OSCAR, *avec dignité.*

Je ne la connais que de quelques jours, mais cela a suffi pour me la faire apprécier à sa juste valeur....Et je puis dire avec orgueil que ses qualités la placent a côté des premières familles du monde.

ROGER.

Eh bien ! moi, je la connais mieux que vous. Oscar ! celle que vous alliez épouser !....

OSCAR.

Eh bien !....

ROGER.

C'est votre sœur !

OSCAR.

Ma sœur !.... Ma sœur !....

ROGER.

Et monsieur de St Aman est votre père.

OSCAR.

Monsieur ! ne m'abusez pas plus long temps !....

ROGER.

Ecoutez :— Vous devez avoir au bras droit les lettres S. A.

OSCAR.

C'est vrai !..

ROGER.

Ce sont les initiales de votre père . — C'est un signe que je vous ai mis moi même, pour vous reconnaître en quelque lieu que ce soit.—Mais pour dissiper tous vos doutes, voici une lettre de Ferdinand qui vous instruira de tout.

OSCAR.

Prenez lecture, vous même... Je suis tellement ému...

ROGER. (lisant)

" Mon cher Roger, celui que tu appelles
" ton protégé, Oscar, n'a point démenti les
" hautes espérances que nous avions con-
" çues de lui. Il a su se faire un nom qui
" fait honneur à son pays ; et il est main
" tenant capitaine de marine. Il fait en ce
" moment voile pour ton î e, où vous vous
" rencontrerez sans doute. Pour que tu
" sois à même de le reconnaître il est bon
" que tu aies quelques signalements de sa
" personne. C'est un jeune homme d'une

" taille ordinaire ; des yeux bleus ; des
" cheveux châtains ; un maintien nob'e qui
" rappelle parfaitement le sang dont il est
" descendu. Il commande le navire " le
" Voltigeur." A l'aide de ces renseigne-
" mens, j'espère que tu arriveras à la dé-
" couverte de celui qui, de son côté, a tant
" de désir de te connaître, ' (signé) Ferdinand de La Roche."

OSCAR.

Ce n'est point un rêve !.... Je puis donc renaitre à l'espérance, au bonheur, à la vie ! Mon père ! Ma sœur ! J'étais si près de vous et la nature s'est tu ! Et rien ne me disait que ces soins que je recevais avec tant de tendresse, c'était la main d'une sœur qui me les prodiguait. Oh ! merci pour eux et pour moi ! Merci á vous qui me donnez une famille !... Ma sœur !... Et je songeais un instant à te donner mon nom ! Et j'allais couvrir mon front d'op-probre et d'infamie ! Malédiction sur moi !

ROGER.

Vous n'avez rien à vous reprocher. Dieu, dans sa bonté divine, à su prévenir l'inceste en m'envoyant à temps pour tout arrêter.

OSCAR.

Mais aussi, était-ce ma faute, à moi !.... Enfant perdu dans la foule, que ne réclamait nulle affection, nulle caresse ! Etre oublié, qu'on a deshérité, bien jeune encore d'une famil.e et d'un nom ! Orphelin sans patrie, sans parents, à qui l'on répondait toujours quand je demandais ma mère : 'Enfant ! Ton père et ta mère ne sont plus ; ils ont été engloutis sous les laves de la révolution. Et maintenant tu es seul, seul au monde." Avais-je le droit de penser qu'un jour je retrouverais cette fami e dont on m'a laissé ignorer jusqu'au nom ! Ma'heur et malédiction sur ceux qui ont prolongé mon igno-rance !..

ROGER.

N'en accusez personne, Oscar ; Eh ! pensez-vous que ceux qui vous ont laissé marcher jusqu'a cette heure, dans la voie d'ignorance où vous étiez sur l'existence de votre famille, n'ait eu d'autre but, d'autre intention, que de vous faire méconnaître vos parents ? Penser ainsi, n'est ce pas les outrager.

OSCAR.

Oh ! Pardon, mon ami. Je vous ai offensé..... Voyez comme mon cœur bat à briser ma poitrine !.... N'est-ce pas qu'il y a là plus de bonheur qu'un cœur ne peut contenir.... C'est que, voyez vous, il y a dans la vie, des émotions tellement puissantes qu'un instant elles vous font perdre jusqu'au sentiment de la raison. Pardon !...

ROGER.

Je conçois que la pensée d'avoir un instant rêvé une épouse dans votre sœur, éveille en vous quelque remords, mais ne trouvez-vous pas votre excuse dans le soin qu'on a pris de vous cacher votre famille.

OSCAR.

C'est ce qui fait ma consolation ; car j'ignorais tout moi ! moi qui n'ai jamais appris à balbutier un nom que je devais pourtant révérer !

UN DOMESTIQUE, (annonçant.)

Monsieur le Commissaire.

OSCAR, (au domestique.)

Fais entrer.... ( à Roger qui veut parler.) silence ! laissez moi faire !.... Oh ! combien je vais les rendre heureux .... (au Commissaire) Entrez monsieur et asseyez-vous, tandis que nous allons prendre congé de vous, pour quelques minutes !.. Tenez ; justement voici M. de St-Aman ; je vous le laisse.

SCENE VI.

LE COMMISSAIRE, De St-AMAN.

St.-AMAN.

Ah ! vous voilà !.... nous vous attendions avec impatience....

LE COMMISSAIRE.

Il est cinq heures ; et c'est l'heure à laquelle je vous avais promis d'être ici.

St.-AMAN.

C'est juste.... vous êtes exact..... (il prend une chaise et s'assied). Eh bien ! que dites-vous de ce mariage. Commissaire ?

LE COMMISSAIRE.

Je dis que vous ne pouviez pas trouver un meilleur parti pour votre fille.

St. AMAN.

C'est vrai..... Mais, voyez-vous, j'ai consenti à cette union plutôt par raison que par ambition.. Accablé sous le poids de l'âge et des douleurs, je m'incline ferme vers la tombe ; j'ai voulu donc assurer le bonheur de ma fille avant de mourir.

LE COMMISSAIRE.

Vous avez pensé en père sage.

St.-AMAN.

Je sais que bientôt il faudra avoir la douleur de me séparer de ma fille : cette idée là m'est pénible ; mais elle est moins cruelle que celle de la laisser en mourant en proie à la misère et aux séductions.

LE COMMISSAIRE.

Je vous applaudis ; rendus à notre âge, nous devons plutôt songer à l'avenir de nos enfants qu'à notre bonheur présent.

SCENE VII.

De St.-AMAN, LE COMMISSAIRE, en habits de noces. OSCAR la conduisant, ETHELBERT, DUNIENVILLE, ROGER de St HILAIRE, assistants.

OSCAR, (au commissaire)

Avez-vous rédigé l'acte du mariage que vous allez contracter ?

LE COMMISSAIRE.

Il ne reste plus qu'à le signer.

OSCAR·

Je crois qu'il exigera quelques corrections

LE COMMISSAIRE.

Je suis prêt à les faire.

OSCAR.

C'est Blanche de St. Aman et Ethelbert que vous devez unir.

*Mouvement de surprise parmi les assistants.*

St, AMAN.

Que dit il !

BLANCHE et ETHELBERT, *ensemble.*

Est-il possible !

OSCAR, *au Commissaire.*

Ecrivez ce que je vous dis.

LE COMMISSAIRE *écrivant.*

C'est fait.

OSCAR.

Premier témoin : Roger de St. Hilaire.

St AMAN.

Roger de St. Hilaire !.....Chez moi !...
*(il veut s'élancer sur Roger)*

OSCAR, *le retenant.*

Calmez vous ! *(au Commissaire)* second témoin : Oscar de St Aman.

BLANCHE.

Mon frère !

St.,AMAN.

Qu'entends je !....lui.... Mon fils !

OSCAR.

Oui · Je suis ton fils !....ton fils qui vient pour embellir tes vieux jours !—

ROGER.

Je vous ai promis de vous le rendre : je viens accomplir aujourd'hui ma promesse.

St·AMAN, *tombant presque évanoui dans un fauteil.*

Ne m'abuses tu pas, ô mon Dieu !

OSCAR.

Mon père !.....mon père !.... Regarde moi.... ne me reconnais-tu pas.

St· AMAN, *revenant à lui.*

Mon d.....C'est impossible !.. Je suis

sous la puissance d'un rêve horrible !....
*(regardant Oscar)*—Mais non, la nature parle déjà ! Viens dans mes bras cher objet de ma tendresse !.... Viens recevoir les caresses de ton père *(il s'élance dans les bras d'Oscar.)*

ETHELBERL.

N'est-ce pas une illusion que tout cela·

St·AMAN.

Un secret pressentiment, ton âge, les circonstances de ta première jeunesse avaient éveillé en moi cet instinct de père que rien ne peut détruire !.... Mon fils !.... Oh ! ce nom r'ouvre toutes les joies de mon cœur étouffées depuis vingt cinq ans sous le poids de la douleur !

ROGER.

Que d heureux je fais en un seul jour.

St. AMAN, *(allant vers Roger )*

Et vous, Monsieur, que j'ai maudit tant de fois ! vous qui m'avez creusé un abîme de maux et de tourments que vous venez de comb'er par une seule parole ; recevez ma bénédiction, puisque vous me le rendez noble et grand, faisant la gloire et la consolation de mes derniers jours.

ROGER.

J'ai voulu vous préparer une félicité digne de racheter toutes les larmes que vous avez répendues ; tous vos chagrins, toutes vos totures.

LE COMMISSAIRE.

L'acte n'attend plus que votre signature. Messieurs.

*(Blanche et Ethelbert vont le signer.)*

St AMAN, *(prenant les mains de Blanche et d'Etelbert.)* Soyez unis pour la vie ! que rien désormais ne vienne altérer votre félicité. Puissiez-vous achever dans une paix profonde cette œuvre commencée sous d'aussi heureux auspices !....

FIN DE LA CHAUMIERE.